All About Chinese Cuisine

올어바웃 중식조리

이성우·김혜숙·양혜영·정주희·최영심
김덕한·김영신·안광열·이명철·전도현

㈜지구문화
JIGU CULTURE Co.Ltd

머리말

중국요리는 오랜 문화와 역사를 지니고 있고 전 세계적으로도 인기가 높습니다. 중국요리는 지역별 개성을 지니고 있으며 향신료를 사용하여 다양한 맛과 향을 만들어냅니다. 모든 지방이 그들만의 전통 요리가 있고 다양한 방법으로 요리를 만들고 있습니다.

중국요리의 큰 특징 중 하나는 한의학을 바탕으로 건강과 영양의 균형뿐만이 아니라 풍부한 재료와 조리의 빠른 속도, 화려한 요리기술, 강한 화력을 이용하여 요리를 완성하고 있습니다. 전통적인 중국 음식은 일 년 내내 제철 재료를 사용하고 음식의 색깔, 향, 맛, 모양을 살려내는 요리 예술 작품이라 할 수 있습니다.

중국요리의 기본은 질 좋은 재료를 고르는 것이며 주재료, 부재료, 조미료 등 요리에 사용되는 각 종류의 원재료와 음식의 다양성, 생산지, 계절 등을 고려한 신선하고 품질 좋은 재료들이 사용됩니다.

중국요리는 불의 요리라 불리고 있을 만큼 숙련된 불 조절이 필요합니다. 불 조절은 중식 요리사들에게 요구되는 특별한 기술이며 맛있는 요리를 완성하는 기술입니다. 중식 요리사들은 요리를 완성하는 최적의 불 조절을 할 수 있고, 다양한 재료를 능숙하게 손질하며 기름, 물, 가스를 잘 활용한다. 이러한 불의 조절과 재료를 다루는 기술은 오랜 경력 없이는 완성하기 힘들다고 할 수 있습니다.

어느 분야든 똑같겠지만 특히나 중국요리는 전문가가 아니면 완벽한 중국요리를 논하기는 어렵다고 생각합니다.

이 책은 담아내는 담음새만으로도 중식 향기가 난다고 칭찬받는 중식 요리 35년의 경력을 가진 중식 요리 전문가이며 기능장인 교수님들의 노력으로 출판하게 됐으며, 이 책으로 중국요리의 기본을 배울수 있다고 생각합니다.

이책은 PART I 중국요리 이론, PART II 중식 조리기능사 20가지, PART III 중식 조리산업기사 15가지로 구성 했습니다. 또한 이해를 쉽게 하기 위해 자세한 과정별 사진을 삽입했습니다. 중식을 공부하시는 분들의 유용한 지침서가 되길 기원합니다.

끝으로 이책이 나오기까지 애써주신 주민기 이사님과 부족한 부분 채워주신 편집자님께 감사드립니다.

계묘년 새 봄에

저자 대표

차례

PART II 중식 조리기능사

차례

PART III 중식 조리산업기사

제 1 부

중국요리 이론

Chapter 1

중국요리의 이해

1. 중국요리의 역사적 배경 및 유래

중국은 5000년의 역사와 인구 13억명의 한족과 소수민족으로 55개의 다문화 민족들로 구성된 나라로 각각의 요리만 해도 일만여 종이 넘을 정도로 중국요리는 오래된 역사를 갖고 있다. 넓은 영토와 영해를 가지고 있어 다양한 산물과 풍부한 해산물을 얻을 수 있었고 각각의 요리들은 그 지방의 기후, 풍토, 산물, 풍속, 습관 등에 따라 다채로운 형태와 지리적 특성에 맞는 지방색이 독특한 맛을 내는 요리로 발전시켰다.

동양의 음양오행陰陽五行을 근본으로 하는 중국의 요리는 도교道教의 불로장생을 목표로 하여 오랜 기간의 경험을 토대로 궁중요리사를 중심으로 발전하였다. 또한 외국과 문화 교류가 활발하였고 유목민족의 영향에 따라 모든 식성에 맞춰 변화되었고 이는 세계 어느 나라를 가더라도 중국집이 있을 정도로 사랑받는 위치가 되었다.

중국요리는 책상다리 빼고는 다 먹는다 할 정도로 천하의 모든 재료가 쓰인다는 말로 요리의 재료가 다양하며 각양각색의 특징을 지니고 있어 중국요리는 독특한 맛과 다채로운 식재료를 사용한다는 데 있어 세계 으뜸이라 할 수 있다. 특히, 식의동원食醫洞源의 의미로 살아있는 모든 재료가 쓰였으며 원숭이·자라·곰·제비·소·말 등을 사용한 중국의 요리법이 더욱 발전되었고 중국 요리사의 위치는 은나라 시대 이윤伊尹은 요리사임에도 재상으로 등용되기도 했다. 이처럼 음식의 맛과 지혜만으로 정치에 입문할 수 있음은 '음식의 대국 중국'에서나 찾아볼 수 있는 일이라 할 수 있다.

또한 중국요리 기술이 은나라의『본미론』, 송나라『증궤론』, 명나라의『송씨존생』등 수많은 요리책이 전해 내려온다는 것은 고대부터 중국요리가 확립되었음을 알 수 있고 왕실이나 귀족, 서민에 이르기까지 구전으로 전해 내려옴에 따라 연구·개발되어 중국요리가 더욱 발전할 수 있는 계기가 된 것이다.

(1) 하·은·주 시대

문헌에 나타나지 않고 신화에 의하여 전해 내려오는 요순 시기에 복희씨는 그물을 만들어 고기를 잡고 짐승들을 제사에 쓰기 위해 울타리 안에 가축을 키우기 시작했다고 한다. 이후 신농씨에 와서 농사를 지었으며 이 시기에 정착생활이 이루어짐에 따라 중국의 음식은 다양한 식재료를 사용하게 된 것으로 볼 수 있다.

이후 하·은·주 시대의 왕인 걸인은 미녀에 빠져 정치보다는 주색잡기에 치중하여 재상이 된 이윤에 의하여 술과 음식을 만들기 위한 세발솥과 도마가 발견되었다 세발솥은 진흙으로 만들어짐. 이때 청동기의 식기들이 출현하였고 이 시기 음식 중에 새끼통돼지구이가 나타났고 양고기와 생선을 함께 싸서 만든 음식으로 '양방장어' 洋方藏漁 가 나타나는데 향이 좋은 음식이었다.

(2) 춘추전국·진·한 시대

B.C 403년까지를 춘추시대라 하고, 이후부터 진나라가 천하를 통일한 BC 221년까지를 전국시대라 일컫는다. 이때『춘추좌씨전 春秋左氏傳』이라는 문헌에 여러 가지 요리법이 실렸고 조리기구는 아직 철이 발견되지 않아 청동기가 주를 이루며 황실에서만 사용되었다.

춘추시대에 이어 진나라 시대에 장수 長壽 에 무척 관심이 많았던 진시황은 만리장성을 축조하여 한방식을 통해 장수하고자 불로초를 구해오도록 하서북과 동남동녀 500쌍을 시켜 전설의 봉래도 우리나라의 강원도 쯤으로 예측됨 명하였다는 일화로 유명하다.『시경 時經』,『예기 禮記』,「내측편」에도 다양한 요리법이 소개되는데 팔진미요리 등이 이때 나타나고『주례 周禮』에는 개고기에 대한 내용이 나타나기도 한다. 또한『예기』에는 중국인들이 젓가락으로 음식을 먹는 것이 나타나기도 하며 손으로 음식을 먹었다는 기록도 보인다.

한나라 시대에 이르러 밀가루로 만든 음식이 나타나는데 면 麵 이라 불리기 시작했고 곡류를 가루로 내서 음식을 만들어 먹는 조리법이 생겨 떡, 만두 등을 만들었고 식기도 금, 은, 칠그릇, 목기를 만들어 사용하기 시작했다.

(3) 위·촉·오 시대와 남북조 시대

위·촉·오와 남북조 시대는 철제품의 발달로 중국 조리기구가 광범위하게 사용되었고 조리방법 또한 20여 가지 이상 늘어났고 볶음요리가 출현하여 중국요리 발전에 공헌을 한 시대이기도 하다. 이 시기에는 요리에 대한 연구가 성행하여 가사협위이 쓴 『제민요술齊民要術』은 10권으로 되어 있으며 3권에 향신료인 고수에 관해 기술하였고, 7권에는 술 제조에 관하여 기술하였으며, 8권 상은 장醬을 만드는 내용으로 육장肉醬과 어장漁醬, 9권 하에서 10권까지는 식품의 가공과 조리에 대해 다루었다. 또한 넓은 평지에서 쌀농사를 많이 지을 수 있었고 제사 때 만두가 쓰이기 시작한 것도 이 시기이며, 남방에서는 생선과 쌀을 같이 숙성하였다가 먹는 우리나라의 가자미식해와 같은 자鮓를 먹었다. 또한 조미료를 이용하여 감칠맛 등 조미調味방법을 만들기 시작하였다.

(4) 수·당·송나라 시대

이전 시대의 탄생과 역사를 계승하면서 수·당 시대에는 시황제에 의해 착공된 대운하가 이 시기에 개통되면서 이 운하를 통하여 남쪽의 질 좋은 쌀이 북경 지방에 전달되어 북경 일대는 식생활 혁명이 이루어지게 된다. 이때 물레방아인 수차가 개발되었고 제분이 기계화되면서 수도인 장안과 지방에 이르기까지 전병을 파는 집이 성행하였다.

또한 당나라 시대에는 양, 돼지, 소, 곰, 사슴고기 등을 조리· 가공하여 각종 채소류를 더해 한 폭의 그림처럼 장식하여 냉채류를 만들었다. 이처럼 중국요리가 진화하면서 요리색상에 세심한 신경을 쓰는 조리예술이 나타나기 시작했다. 이때 시금치가 처음 등장하였고, 차가 보급되면서 『다경茶經』에는 차의 역사, 다기, 끓이는 방법, 마시기까지 다양하게 다도茶道에 관하여 서술되어 있다.

『본초습유本草拾遺』에는 상육想肉이라 하여 사람고기가 병 치료에 좋다고 기술하기도 하였다. 월소병, 대추단자, 칡 등을 많이 먹게 되었고 채소류는 무, 순무, 배추 등이 많이 이용되었고 외국과의 교류로 페르시아 쪽에서 향신료가 수입되었고 후추, 설탕도 이 시기에 들어왔다.

중국 역사에서는 크게 왕조가 이어지는 시대는 송이며 북송과 남송 시대로 나누어진다. 초기는 보릿가루, 연근, 토란 등을 설탕이나 꿀에 개어 단단히 만든 우리의 다식과 같은 방법으로 먹었다고 한다. 중국의 유명한 문인인 소동파의 시詩에는 음식이 많이 등장하게 되는데 현재에도 만들어 먹는 동파육이 유명하다.

당시 스스로 음식과 술을 만들어 먹었고, 일반음식점은 분다分茶라 하여 밥, 면, 양고기 등을 판매하였고 상점에는 차박사, 술박사가 있어서 차와 술을 데워 주는 것이 성행하였다.

(5) 원·명·청나라 시대

이 시기에는 교통의 발달로 세계적인 교류가 이루어지는 시기로 13세기 중반부터 약 150여 년간 중국 및 아시아 전역과 유럽까지 활발한 교류가 이루어졌다. 이때 마르코 폴로는 『동방견문록』을 집필하여 중국을 포함한 아시아의 문물을 전 세계에 알렸고 특히, 중국의 국수를 이탈리아에 소개하므로 이탈리아 파스타가 만들어지는 계기를 만들었다. 『식경』食經에는 중국요리에 관한 양생법, 식이요법 등 전문적이고 진귀한 요리의 조리법과 음식궁합 등이 수록되어 있다.

명나라 시대에는 수도까지 서양의 식재료가 들어왔을 정도로 운하와 도로가 잘 발달되었고 고구마와 감자, 옥수수를 비롯한 남방 각 지역의 특산품, 향신초, 과일 등을 쉽게 구할 수 있어 요리법은 한층 더 발달하게 되었고 『음식수지飮食須知』에는 총 368종의 음식물이 수록되었다.

또한 정치적으로는 전국적인 내전이 많이 일어나면서 수도를 남경南京으로 옮기고 국호를 대명大明으로 정하면서 명나라의 시초가 되었다. 명나라는 서남아시아 및 유럽 등과 무역을 통해 명나라의 식재료를 전 세계에서 조달할 수 있었으며 특히 상어지느러미, 제비집, 고추, 토마토케첩 등이 전해지게 되었다.

청나라 시대의 중국요리는 한국에 청요리淸料理로 불릴 정도로 유명한 시대로 중국음식의 부흥기로 불릴 만큼 음식이 급속도로 발달한 시대이다. 당시 서태후가 외출할 때 조리사를 수백 명씩 대동하고 향연을 즐기고 수백 가지의 음식을 만들어 먹었다고 기록하고 있다. 이때 '만한전석滿漢全席'이라 하여 호사함과 고급스러움이 극치를 이루는 연회용 음식이 만들어 졌고 불도장佛跳牆도 이때부터 유래되었다. 북경오리, 피단, 자라, 상어지느러미, 곰발바닥, 낙타, 원숭이골, 쥐, 등 수많은 희귀하고 진귀한 식재료들이 이때 선보이게 되었다.

중국요리는 서태후에 의해 완성되었다라고 할 정도로 발전되게 되는데 이 때 명절음식과 연회음식이 성행하게 된다. 중국의 대명절인 춘절에 물만두를 만들어 먹었고, 2월 초에는 쌀가루로 5층떡을 만들어 태양신에게 바치는 의식을 행하였다. 사월 초파일에는 콩과 팥을 삶아 절에 가서 선남선녀에게 주는 풍습이 있었고, 8월 보름에는 월병을 만들어 제사를 지냈으며 12월에는 각종 죽을 만들어 만수무강을 기원하기도 하였다.

이처럼 청나라 시대 음식의 발달은 중국요리가 세계인에게 주목받는 음식으로 자리잡게 되었고 음식시장에 있어서도 많은 변화를 가져다주는 중요한 역할을 하게 되었다.

(6) 현대의 중국

중국은 정치적 이념에 따른 사회주의 공화국이 됨에 따라 청시대와 같은 사치스러운 음식의 문화는 많이 사라졌지만, 현대의 중국인들은 약식동원藥食同源의 사상과 음양오행陰陽五行 등에 따라 음식을 귀히 여기고 건강을 위하여 음식을 맛있게 먹는 것이 하늘의 섭리라고 생각하고 있다. 중국의 현대 조리 기술과 요리의 발전은 1980년대 초부터 중국 조리 기술이 더 발전하게 되었고 중국의 교통 및 운송 수단의 발달로 각 지방의 특색있는 요리에도 많은 변화를 가져왔고 전국의 외식시장도 중국 소비자들에게 신메뉴와 많은 요리전문점이 중국요리를 선보이며 빠른 속도로 발전하고 있다.

2. 중국요리의 형성 및 계통

중국의 요리는 넓은 영토와 영해를 기반으로 각 지방의 기후, 풍토, 산물 등에 따른 요리의 재료, 종류, 만드는 방법 등이 다양했고 원료의 생산, 조리 기술, 풍미, 특색의 차이에 따라 역사적으로 오래된 지방 요리가 형성되었다.

또한 각 지방에 따라 경제, 사회, 문화적인 영향에 따라 중국요리의 계통이 생겨났고 그 풍부한 산물과 전통이 조리문화에 상당한 영향을 끼쳤다. 이러한 중국요리의 형성에는 크게 중국요리 계통으로 분류할 수 있다.

(1) 정치 경제와 문화의 영향

중국요리 계통의 분류에는 각 지방에 따른 정치, 경제, 문화가 밀접하게 관련되어 있다. 수·당 시대에 생산물들의 운반 집결지와 부유한 상인과 요리사들이 거주하는 곳에 중국요리가 발전하였고 교통수단이 발달된 청나라 시대에는 전국에서 중요한 요리계열의 시초가 되었다.

또한 광동요리의 형성을 보면 아편전쟁 이후 중국문화가 개방되면서 유럽, 미국 등의 서양요리 기술이 전파되고 외국 문물을 받아들인 수많은 상점이 형성되면서 광동요리가 발전하게 되었다.

(2) 지역 생산물의 영향

중국요리는 서로 다른 지역의 지리적인 환경과 기후, 지역의 생산되는 생산물들이 크게 달라 요리 계통을 분류하는 조건이기도 했다. 중국요리 계통은 크게 황하유역 등 산둥요리의 영향을 받아 형성된 '북방요리'와 장강유역 남쪽 요리를 일컬어 '남방요리'로 나누며, 작게는 북경요리, 남경요리, 광둥요리, 사천요리로 나뉘며 이를 중국의 4대 요리라 불린다.

중국은 광대한 대륙을 가지고 음식문화가 발달되었고 특히 중국요리는 미각의 만족에 초점이 맞추어져 요리가 각각 복잡 미묘한 맛을 지니고 있다. 또한 유지油脂의 활용을 통해 맛을 내는 요리가 많았고 또한 중국요리는 높은 열에서 단기간에 조리하는 메뉴가 많으므로 맛과 풍미, 영양의 손실이 적은 것이 특징이다.

(3) 풍습과 종교적인 영향

중국은 각 지방에 따라 풍습과 종교, 음식문화도 다르기 때문에 중국요리는 그 특색에 맞추어 발달하였다. 중국에서는 "남방은 달고, 동방은 매우며, 북방은 짜며, 산서山西로는 신맛의 식초"를 즐긴다고 하였다. 이처럼 입맛이 각 지역별로 매우 달랐으며 하루 세끼의 식사는 비교적 실속있게 했다. 종교적인 행사의 식사는 비교적 풍성하고 특징적인 맛으로 비교하여 산둥요리山東菜, 호남요리湖南菜, 사천요리四川菜, 복건요리福建菜, 광둥요리廣東菜, 강소요리江蘇菜, 절강요리浙江菜, 안휘요리安徽菜의 8대요리八大菜系로 나누어져 있다.

(4) 8대 중국 요리 구성

① 북경요리北京菜

북경과 산동지방 주변 요리를 총칭하여 북경요리라 하며 오랫동안 중국의 수도이면서 정치, 문화, 사회의 중심지였기 때문에 고급요리가 발달했다. 북방의 특성상 화력이 매우 강한 불에 단시간에 조리하는 튀김이나 볶음요리가 발달되어 있다. 특히 북경, 산동지방의 조리 기술로 기름에 볶기油爆, 센불볶기火爆, 흐르게 볶기溜, 찌기蒸, 삶기扒, 졸여서 볶기燒 등의 조리법을 즐기는 조리 기술이 많이 알려져 있다.

또한 산동은 맛이 비교적 짜고 담백한 맛을 내며 재료의 선택이 광범위하고 해산물을 많이 사용하며 깨끗하고 향기로우며 바삭거리고 부드러운 특색이 있다.

대표적인 요리에는 북경오리, 제비집스프, 전복요리, 홍소해삼, 상어지느러미 요리 등 색·향·맛이 훌륭한 요리이다.

② 상해요리上海菜

상해요리는 장강長江을 끼고 비옥한 토지에서 나는 식재료를 사용하며, 19세기 유럽의 영향을 받아 동·서양 사람들의 입맛에 맞도록 변화, 발전되었고 상해요리 또는 남경요리라고 한다. 상해요리는 국제 항구도시로 서양식으로 발전하면서 중부지역의 대표적인 요리로 상해, 남경, 소주, 양주 등의 지방요리를 총칭하며 장강 하구를 끼고 있어 해산물 요리가 발달되었고, 간장과 설탕을 많이 사용하여 단맛과 간장색의 진한 색을 내고 있는 것이 특징이다.

특히 특산물인 장유醬油를 사용한 요리가 많으며 대표적인 요리로는 돼지고기에 장유에 푹 삶아 붉은 색을 낸 홍샤오러우紅爆肉가 유명하며, 한 마리 생선 전체를 요리하는 탕추위糖醋魚, 바닷게 요리 푸르칭세芙蓉青蟹, 꽃모양 빵 화줴엔花卷 등이 있다.

③ 광동요리廣東菜

광동요리는 광동, 광서, 해남지역을 중심으로 동남연해에 위치하여 기후가 온난한 기후로 날씨가 좋아 동·식물이 잘 자라 재료가 풍부하다. 기후가 좋기 때문에 선명한 지방 특색과 풍미를 형성하였다. 광동요리는 충분한 재료를 사용할 수 있어 조리 기술도 다양하고 정교한 조리 기술을 가지고 있다. 특히 짜炸, 빠오泡, 빠扒 등의 조리법이 있어 지지고 볶은 후 소량의 물과 전분을 넣어 농도를 내는 조리법을 많이 사용했고 맛은 깨끗하고 신선하며 시원하고 부드러운 것이 특징이며 상어지느러미, 벌, 새, 사슴, 뱀, 원숭이 등 특수재료 등을 이용한 요리가 있다.

또한 스페인, 포르투갈의 선교사와 상인들이 많이 왕래하면서 동·서양의 특색적인 요리가 많아 국제적인 맛을 내는 요리가 많았다. 또한 요리의 재료로 서양채소, 토마토케첩, 우스터 소스 등 서양풍의 식재료와 소스가 어우러져 요리에 많이 사용된다. 대표적인 요리로는 광동식 탕수육, 새끼돼지 통구이, 딤섬 등이 있다.

④ 사천요리四川菜

사천요리는 천채天菜라고도 하며 운남, 귀주 지방의 요리까지 총칭하며 요리마다 품격이 있고 매운맛으로 널리 알려져 있는 지역이다.

사천지방의 요리 맛의 표현은 맛이 매우 다양하여 진하고, 중후하며, 깔끔하고, 신선하며 한 요리에 다양한 조리 기술을 표현할 수 있고 향신료와 조미료 등을 잘 사용하는 것으로 유명하다. 사천지방은 중국의 산악지대로서 습기가 많은 지대로 고추, 생강, 후추, 산초 등을 많이 사용하여 요리를 만들고 어떤 요리를 만들어도 매운맛을 공통으로 가지고 있다.

특히 유명한 요리로 마파더후麻婆豆腐가 매우 유명한데 먹을 때 얼얼하고 바삭하며 부드러운 맛이 있는 요리로 열량이 높고 영양이 좋아 겨울에 먹는 것이 좋다. 또한 산악지대이기 때문에 염장 절임류가 발달하였다.

대표적인 요리로는 찹쌀누룽지탕, 사천풍 돼지고기 요리, 두반장에 볶은 요리, 마파두부, 양고기 요리 등이 있으며 "백가지 요리에 백가지 맛"이라고 할 정도로 사천지방의 요리 맛은 매우 유명하다.

⑤ 강소요리江蘇菜

재료 본연의 맛을 내는 것이 특징인 강소요리는 소채蘇菜라고도 하며 양주, 남경, 소주 등 세 지방의 요리로 구성되어 있다. 수산물이 많고 곡창지대로 요리를 만들 때 불의 화력과 시간 조절, 칼질의 정교함을 중요시 하고 있다.

⑥ 절강요리 浙江菜

절강채계浙江菜系라고 불리며 항주, 영파, 소흥 등의 요리로 구성되어 있고 중국의 저장성浙江省에서 유래된 요리이다. 이 지역은 호수, 산과 강이 함께 있어 자연의 조화를 잘 이루고 있는 아름다운 지역으로 재료 고유의 맛을 주기 위해 약한 불로 삶은 고기 요리 등이 있다. 특히 이 지역의 대표적인 요리로 소동파의 일화에서 유래된 동파육이 대표적인 요리이다.

⑦ 후난요리湖南菜

호남요리湖南의 대표적인 요리로 취두부臭豆腐가 유명하다. 그 향이 시궁창에서 나는 것과 같다 해서 세계 3대 악취요리로 선정될 정도인 요리로 중국의 대표적인 길거리 음식 중 하나이다. 또한 사천요리, 귀주요리처럼 고추와 마늘 등을 많이 사용한 민물게요리 마라롱샤麻辣龙虾 등이 있으며 특히 맵고, 시고, 짠맛이 있어 쌀밥과 잘 어울리는 요리가 많아 한국인들도 좋아할 수 있는 요리가 많다.

⑧ 복건요리 福建菜

복주, 민남, 민서 등의 지방요리로 구성되어 복주 지방의 요리가 대표적이다. 민채 閔菜 라고도 하는 복건요리는 맛이 담백하며 단맛과 신맛의 탕 종류가 특색이며 붉은 술을 사용하여 맛과 향미를 내는 요리이다.

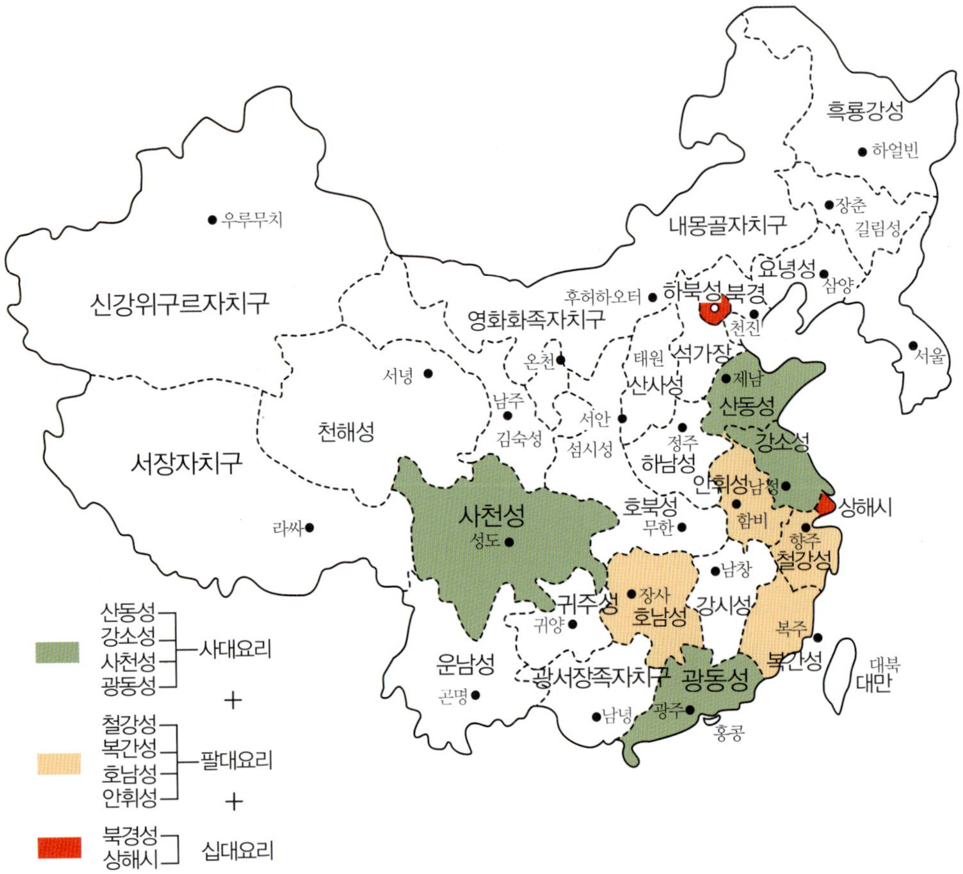

그림 1-1 중국의 사대요리, 팔대요리, 십대요리

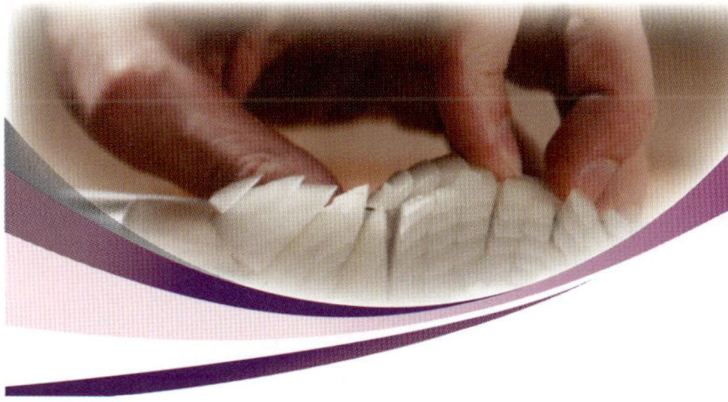

Chapter 2

중국음식 조리 기술

중국음식은 세계인들의 많은 사랑을 받고 있는 것에는 누구나 인정할 것이다. 각 나라마다 어느 지역이건 현지화를 철저히 거쳐 중국요리가 대중화되면서 차이나타운을 형성하며 많은 발전을 가지며 정착해왔다. 중국음식을 만드는 조리 기술의 특징으로 강한 화력을 이용하는 조리법이 유명하다. 그리고 요리에 맞는 정교한 재료썰기, 조미료, 센 불로 단 시간내 조리, 다양한 식재료들을 선별하고 정교한 썰기, 화려한 맛표현, 화력의 강약을 유의하여 중국요리가 만들어져 특히 색色, 향香, 미美, 양量, 기氣의 조화로움을 고루 갖추고 대표적인 조리 기술로 중국요리가 탄생했다.

1. 중국음식 재료별 조리 기술

1. 불火烹法을 이용한 조리

중국식 조리 방법의 열원은 숯, 나무, 석탄, 가스 등의 연료를 가공 처리해서 발생한 화력을 이용하여 만드는 조리 방법을 총칭한다. 이처럼 화력을 이용한 조리법으로는 명화고明火烤와 암화고暗火烤 등이 있다. 화력을 이용해 그 지역의 환경과 기후, 특산물을 사용해서 각 지방의 특색을 살리는 요리를 만들어 중국음식은 발전해 나가고 있고 다양한 변화와 독특한 맛을 만들어 각각의 맛을 내기도 한다.

(1) 명화고明火烤

강한 화력으로 재료를 직접 조리하여 수분을 증발시켜 재료 조직을 부드럽게 익히는 조리 기술이다.

(2) 암화고暗火烤

화로 통기구를 이용한 조리로 암화고暗火烤 또는 민노고燜爐烤라고도 하며 재료를 화로 안에 넣어 불이 직접 재료에 닿지 않게 벽면으로 열을 통하게 하여 익히는 조리 기술이다.

(3) 뜬燉

요리가 완성되기 바로 전 물을 부어 약불에서 장시간 가열하여 완성하는 조리법이다. 먼저 재료에 육수와 조미료를 넣어 강불에서 끓인 후 다시 중불, 약불로 장시간 조려서 익히는 조리 기술로 주재료의 향과 맛이 그대로 유지되고 재료의 진국을 살리기 위한 것으로 탕을 맑게 만든다.

(4) 멘燜

전처리 과정을 완료한 재료를 전골냄비에 넣고 적정량의 육수와 조미료를 넣어 센불에서 먼저 끓인 후 다시 약불에서 천천히 장시간에 재료를 연하게 익혀 맛과 간이 배이도록 한 후 소스를 조금 남겨 조리하는 기술이다.

2. 기름油烹法을 이용한 조리

(1) 짜炸

웍에 기름을 많이 넣고 가열한 후 재료를 넣어 튀기는 조리법으로 기름의 종류에 따라 향이 다르고 불의 강약을 통해 튀기는 방법으로 재료에 따라 기름 온도나 불의 세기를 달리해야 한다.

불린 전분은 탕수육, 라조기 등과 같이 소스를 뿌리는 요리에 사용되고 달걀흰자를 풀어 전분가루와 밀가루를 입혀 튀겨낸다. 노른자의 경우 노랗게 색을 낼 때 사용되며 전분을 얇게 묻혀 튀겨내는 것으로 닭고기레몬, 큰새우튀김 등에 사용한다.

① 칭짜清炸 재료에 간을 하지 않고 전분을 묻히지 않고 튀긴다.

② 깐짜乾炸 재료에 전분을 묻혀서 튀김옷을 입혀 튀긴다.

③ 까오리高麗 흰색으로 가볍게 튀긴다.

(2) 류溜

재료를 먼저 기름에 튀기거나 삶거나 쪄낸 후 조미료를 혼합하여 삶은 후 소스 농도가 걸쭉하게 되면 준비해둔 주재료를 섞거나 끼얹는 조리법이다. 소스와 요리가 부드럽고 식지 않게 재빨리 불에서 완성한 후 향과 연한 맛을 느낄 수 있도록 사용되는 조리법으로 류산슬, 탕수육, 채소볶음 등이 속한다.

(3) 폭爆

재료를 센불에서 재빨리 조미하고 볶는 조리 기술로 재료 본연의 맛을 유지 시킬 수 있고 바삭하고 부드러운 맛을 살릴 수 있다.

(4) 팽烹

물을 이용하여 삶거나 조린 것에 주재료를 미리 간하여 튀기거나 지지거나 볶아 다시 부재료와 섞어 센불에서 탕즙을 졸이는 방법이다,

(5) 유침油浸

재료를 재빨리 기름에 넣었다가 꺼내는 조리 기술로 180~200℃ 기름을 사용하며 탕수생선을 튀길 때 신선한 맛을 위해 주로 사용되는 조리 기술법이다. 고온의 기름의 향을 즐길 수 있으며 기름에 튀겨낸 후 소스를 뿌려 완성하며 소금, 간장, 후춧가루, 술, 물을 사용하므로 즙을 만들어 파, 생강채 등을 얹어 먹으면 그 향이 좋고 맛의 풍미가 훌륭하다.

3. 물水烹法을 이용한 조리

(1) 탕湯

모든 재료를 넣고 끓이는 방법으로 상탕上湯은 맑고 진한 맛의 국물로 국요리, 볶음요리, 조림요리, 찜요리에 사용되며, 주탕湖湯은 육수stock 등과 같은 국물요리, 볶음요리, 조림, 찜요리 등에 기본으로 사용된다.

(2) 빠이비약오白灼

끓는 물로 익힌 재료를 접시에 건져 소스를 끼얹어 내는 조리법으로 재료를 익힐 때 물이 너무 많으면 맛있는 맛이 빠지게 되므로 물의 양을 유념한다.

(3) 샤오燒

신선한 재료를 물과 조미료를 넣고 오랜 시간 끓이면 재료가 푹 고아져 농축되어 즙의 맛이 풍미가 진해진다. 간장의 색을 넣어 끓이면 홍샤오紅燒, 간장을 넣지 않고 맑게 끓이는 바이샤오白燒의 종류가 있다.

(4) 추안川

재료를 생것이나 미리 조미한 것을 적당한 크기로 잘라 끓고 있는 탕에 넣어 다시 맛이 어우러지게 좀 더 끓인 후 다시 조미를 하여 내는 조리법이다. 빠르게 만드는 탕요리에 속하며 재료의 신선함과 부드러운 맛이 같이 유지될 수 있다.

(5) 빤拌

모든 재료를 섞어 조리하는 것으로 간단하게 조리할 수 있는 기술이며 재료의 원형을 유지할 수 있는 조리법이다.

4. 전분澱粉을 이용한 조리

(1) 물 전분

전분과 물을 동량 1:1의 비율로 고루 섞어 조리 시 사용한다. 물 전분은 온도를 유지하고 재료의 본연의 맛을 유지시키고 맛있는 성분이 방출되는 것을 막으며 맛을 고루 조화롭게 해준다.

(2) 불린 전분

전분을 그릇에 담고 전분이 푹 잠기도록 물을 넉넉히 부은 후 고루 섞어 10분 정도 앙금으로 가라앉힌다. 전분의 윗물이 맑아지면 물을 따라 버리고 앙금만 사용하게 되며 냉장에서 차게 두고 보관하면 된다. 튀김옷으로 전분 대신 사용하면 튀김옷이 쉽게 떨어지지 않고 쫄깃한 식감을 즐길 수 있다.

5. 증기氣烹法를 이용한 조리

증기를 이용하여 재료를 익히는 조리 기술로 재료를 조미하여 중탕하는 방법으로 신선도와 영양소가 유지되며 담백한 맛과 기름기가 없어 건강식으로 많이 이용하는 조리 기술이다.

크게 쯩烝을 분류하면 조미하여 재료를 찌는 것은 청쯩이고, 분쯩은 오향과 조미료를 더해 그릇에 담아 증기로 찌는 기술이고, 포쯩은 연잎이나 대나무잎 등으로 싸서 찌는 것을 말하며 닭찜이나 삼겹살찜 등의 조리에 이용되는 기술이다.

6. 건乾烹法을 이용한 조리

(1) 고高와 염국鹽焗

건식 조리법은 가장 오래된 조리법으로 누구나 쉽게 할 수 있는 조리법으로 건조하고 뜨거운 열과 복사열로 익히는 방법으로 훈제하는 방법과 비슷하다. 나무, 숯, 가스, 석탄 등을 연료로 쓰며 북경요리가 대표적으로 많이 쓰는 열원이며 염국은 소금을 열 전달 매체로 요리재료를 면수건이나 기름종이로 싸서 소금으로 덮어 열을 가하여 익히는 방법으로 새우구이 등 해산물구이 등에 많이 이용하는 조리 기술이다.

2. 중식칼을 이용한 썰기 방법

(1) 치에切

사용할 재료를 위에서 밑으로 힘을 주어 자르는 방법이다.

(2) 피엔片

재료를 직각 또는 옆면으로 써는 동작으로 앞으로 끌어당기듯이 하면서 저민다. 고기류, 표고버섯, 배추 등에 많이 사용되는 방법이다.

(3) 띵丁

재료를 정육면체 모양 1㎝×1㎝로 써는 것이 기본이며 크기에 따라 달리 부른다. 팔보채에 들어가는 채소류의 써는 방법이다.

(4) 미米

쌀알 크기로 작게 써는 것으로 볶음밥의 채소 등에 사용한다.

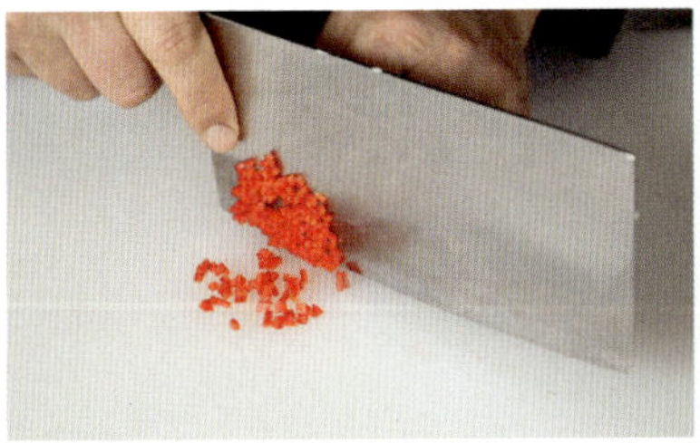

(5) 쓰絲

5~6㎝ 길이로 성냥개비 굵기의 얇게 채 써는 방법으로 잡채 등을 할 때 사용한다.

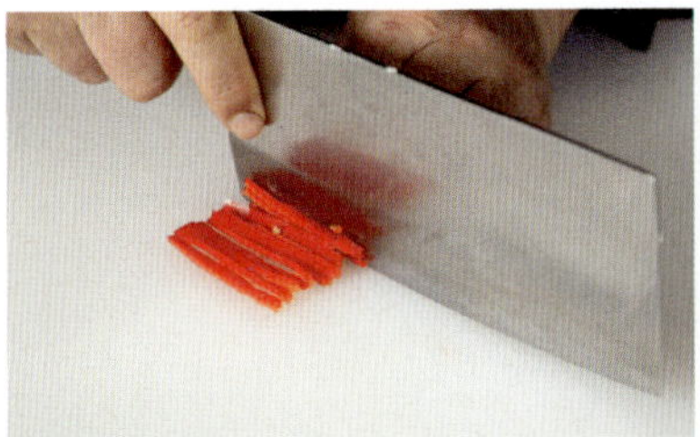

(6) 추推

칼등으로 재료를 곱게 다지는 방법이다.

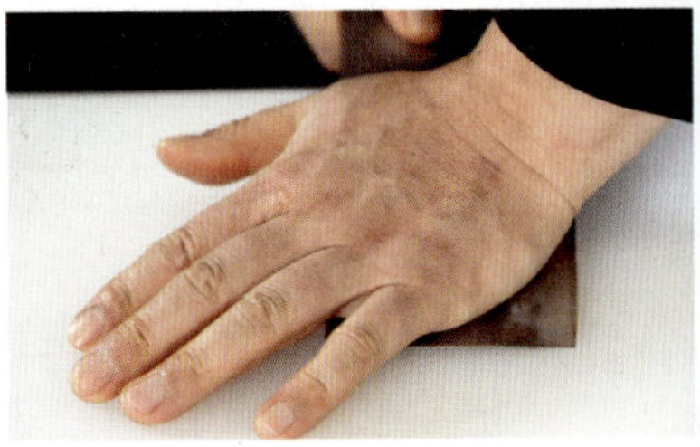

(7) 빤排

재료를 평편하게 펴 칼 앞쪽과 뒤끝을 이용하여 근육질을 짓눌러 연하게 만들 때 사용한다.

(8) 콸刮

재료의 껍질을 칼로 긁어내어 깍는 방법이다.

(9) 티剔

생선이나 닭, 육류 등의 뼈를 발라내는 방법이다.

(10) 팡싱띵方形丁

띵丁의 전 단계로 막대모양으로 써는 것이다.

(11) 쑤이삐엔치에隋片切

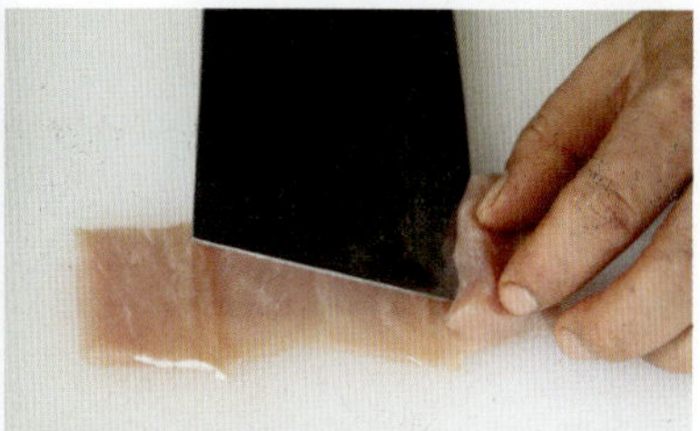

두꺼운 재료를 얇게 포뜨 듯 펴가며 자르는 방법으로 닭고기나 돼지고기, 소고기를 얇게 펴줄 때 사용한다.

(12) 티아오條

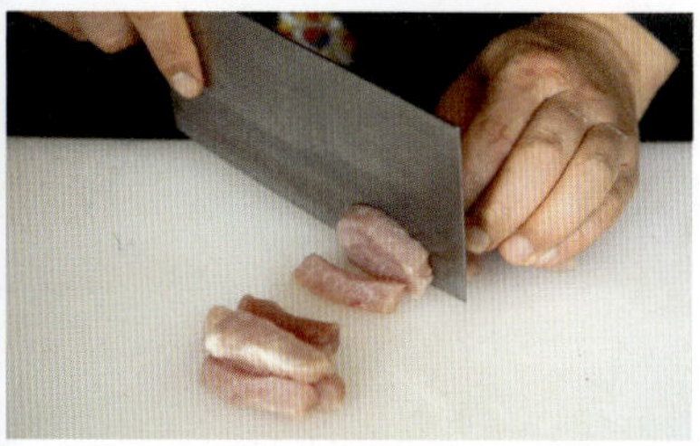

직사각형의 막대 모양으로 손가락 길이 정도로 써는 형태로 탕수육 고기를 써는 방법이다.

(13) 씨에띠오피엔 斜刀片

오징어와 같은 재료를 비스듬히 칼을 대고 저미는 것처럼 써는 방법이다.

(14) 따따오치에 大刀切

북경오리를 썰 때 써는 재료를 왼손으로 잡고 칼을 몸쪽으로 당기면서 써는 방법이다.

(15) 후에 燴

육류나 채소 등의 재료를 끓는 물에 삶아 육수를 넣어 조미한 뒤 전분을 풀어 탕즙에 농도를 낸 상태가 되는 조리법으로 굽거나 삶아 조리하는 방법이다.

(16) 콴 砍

단단한 재료를 두 조각이나 여러 조각으로 내는 방법이다.

(17) 뿌쑤 剖

재료를 중앙 부분에서 반쪽으로 조각내는 방법이다.

(18) 뚜어 剁

재료를 잘게 저미는 방법이다.

(19) 치아 撬

단단한 어패류를 칼끝을 이용하여 어패류 안쪽부터 깊숙이 넣어 열리게 하는 방법이다.

(20) 파이拍

칼을 넓게 잡고 채소류를 살짝 으깨주듯 칼을 내려치는 방법이다.

(21) 완剜

과일 등을 칼로 껍질을 돌려서 깍은 후 속 재료를 담아내는 방법이다.

(22) 띠아오雕

모든 재료를 조각칼로 다양한 모양으로 조각하는 방법이다.

3. 중식도구의 특징

(1) 중식칼

모양은 넓은 직사각형이며 칼끝이 직선으로 된 것과 활 모양으로 굽은 것이 있다. 칼은 무거우며 칼날이 예리하다. 무거운 칼은 뼈나 단단한 식재료용이고 가볍고 작은 칼은 채소나 고기를 자르는데 쓰인다.

(2) 조각칼

식품 조각에 사용하는 모든 칼의 종류를 조각칼이라고 한다. 종류도 다양하고 많다. 자신의 손에 익숙하고 편리하게 느껴지면 좋은 조각 작품을 만들 수 있다.

(3) 중식 팬

손잡이가 한 개 달린 북방팬과 손잡이가 두 개 달린 남방팬으로 구분된다. 바닥 부분이 둥근 새 둥지 모양의 금속 냄비로 중국요리를 할 때 기본으로 사용되는 팬이다. 열의 전도가 전체에 골고루 퍼져 빠르게 재료를 익힐 수 있고, 튀김뿐만 아니라 다양한 조리를 할 수 있다.

(4) 중식화덕

위생적이고 청소가 편리한 스테인리스로 제작하여 사용하고 있다. 불의 강약 조절을 손뿐만 아니라 발 또는 무릎으로 할 수 있게 하여 점차 편리성을 갖춰가고 있는 추세이다. 화력을 최소로 조절하여 온도를 유지하거나 열기가 무척 강하여 팬을 올려놓는 즉시 달아오르도록 불을 조절할 수 있다.

(5) 중식 국자

자루가 긴 국자이다. 식재료를 볶거나 국물류나 요리를 떠내어 담을 때 사용된다. 보통 중국요리를 만들 때 빠르게 진행하므로 액체를 계량할 때 국자로 사용하기도 한다.

(6) 튀김조리망

튀김 재료들을 튀겨 건질 때나 끓인 육수에서 건더기를 건질 때 사용한다. 소스나 기름 등을 거를 때도 사용된다.

(7) 구멍 국자

모양은 둥근 모양이며, 작은 구멍이 나 있다. 재료를 튀겨 건지거나 데치거나 삶은 재료를 건질 때 사용된다. 중식 팬보다 조금 작은 크기이어야 사용이 편하다. 녹스는 것을 방지하기 위해 스테인리스 제품이 좋다.

(8) 도마

재료를 썰어 조리할 때 사용한다. 나무 도마와 플라스틱 도마로 나눌 수 있다. 중식에서 사용하는 도마는 원형으로 되어 있는 경우가 많고 두꺼운 도마를 사용한다. 최근에는 위생관리의 문제로 나무 도마보다는 플라스틱 도마를 많이 사용한다.

(9) 딤섬 찜기

수증기를 이용하여 재료를 익히는 데 사용한다. 주로 딤섬을 찌거나 딤섬을 바로 제공할 때 사용한다.

중국음식에 사용되는 식재료

1. 육류

육류의 특징은 미각을 자극하는 맛 성분과 특유의 풍미, 조직감의 조화에서 비롯된다. 육류는 양질의 동물성 단백질의 급원으로, 필수아미노산이 골고루 함유되어 있다.

(1) 소고기

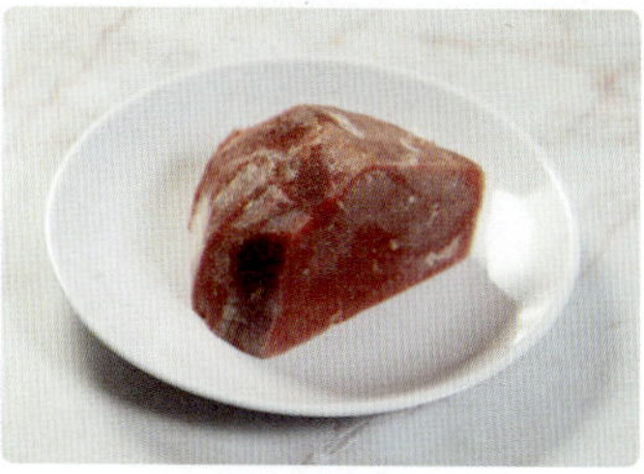

소고기는 돼지고기에 비하면 진한 색을 띠어 선홍색 또는 적갈색을 나타낸다. 근섬유는 섬세하고 탄력이 있으며 광택이 나고 특유의 향기가 있다. 소의 품종, 나이, 성별, 영양 상태 및 부위에 따라 고기의 유연성, 빛깔 및 풍미가 다르다.

(2) 돼지고기

돼지고기는 소고기에 비하면 결합조직이 적고 지방 함량이 많아 비교적 연하고 융점이 낮아 섭취 시 부드럽고 소화가 잘된다. 돼지고기는 연한 분홍색을 띠며 탄력이 있고 근육 사이사이에 흰색 지방이 잘 끼어 마블링을 형성한 것이 좋다. 맛은 부위에 따라 다르므로 적합한 조리 용도를 선택해야 한다. 돼지고기는 특유의 누린 냄새가 있어 이를 제거하기 위하여 생강, 마늘, 파, 후추, 바질, 정향, 감초 등 향신료를 넣거나 술, 장류 등을 넣어 조리하는 것이 좋다.

(3) 돼지껍질

돼지껍질을 가열하여 녹인 후 실온에 두면 젤화된다. 젤화된 것은 피동皮凍이라 하고 돼지고기 소룡포 소의 재료로 사용한다. 돼지고기 소룡포를 만들 때 소에 들어가는 재료로는 고체 형태지만 가열하면 온도가 높아져 녹으므로 즙 상태로 바뀐다.

(4) 돼지기름

딤섬을 만들 때 기름으로 넣거나 썰어서 소의 재료로 사용하기도 한다. 고소한 풍미를 주고 소의 부드러운 질감을 느끼게 해주지만 온도가 낮아지면 기름이 굳어지게 된다. 돼지기름을 밀가루 반죽에 첨가하면 글루텐의 생성을 방해함으로써 글루텐 망상구조가 잘 형성되지 못하여 딤섬 반죽이 부드러운 맛을 가지게 한다.

(5) 닭고기

대표적인 가금류이다. 연령, 성별, 무게, 부위 등에 따라 조리에 사용되는 용도가 다르다. 날개에서 가슴에 이르는 살은 희고 지방이 적어 산뜻한 맛이 나므로 튀김, 찜, 죽 등에 쓰이고, 넓적다리 살은 빛깔이 붉고 지방이 많아 굽는 용도로 적당하다. 닭고기는 깐풍기, 라조기 등 중국요리에서 많이 이용된다.

(6) 오리고기

야생하던 물오리를 중국과 유럽에서 가금화한 것이다. 불포화지방산을 많이 가지고 있다. 주로 가슴살을 많이 이용한다. 다리살과 날개살은 단단하므로 두들겨서 단자로 둥글게 하여 이용한다.

2. 해산물류

(1) 새우

중국요리에서 많이 사용하는 새우는 종류가 상당히 다양하다. 껍질을 벗겨 사용하거나 껍질 그대로 사용하기도 한다. 크기에 따라 길이가 20cm 전후인 대하, 10cm 전후인 중하, 5cm 전후인 소하로 나뉘어 사용된다.

몸은 키틴질을 함유하는 껍질 부분으로 덮여 있고 다리가 10개이다. 끝에서 세 번째 마디의 등 쪽에 내장이 있어 이를 제거한 후 사용한다. 껍질이 단단하고 투명한 것이 좋으며 튀김, 해물볶음 등에 다양하게 이용된다.

(2) 샥스핀

샥스핀은 상어지느러미를 말린 것이다. 중국 3대 진미 중의 하나로 제비집과 함께 중국 최고의 보양식으로 사용되고 가격이 고가여서 고급 딤섬에 사용한다.

(3) 오징어

오징어는 연체동물로 머리, 몸통, 다리로 분류된다. 열 개의 다리가 있으며 몸은 원통형이고 그 끝에는 세모 형태의 지느러미가 있다. 식용하는 것으로는 갑오징어, 살오징어, 한치오징어, 꼴뚜기 등이 있다. 오징어는 중국요리에서 볶음류, 냉채류로 많이 이용되며 살이 두껍고 단단하며 등 쪽이 진갈색인 것이 싱싱하다.

(4) 관자

조개 내부의 안쪽에 붙어 있는 단단하게 질긴 근육이다. 가장자리에 붙어 있는 지저분한 것을 잘라내고 씻은 후 둘레의 얇은 막을 벗겨내고 사용한다. 키조개의 관자는 일반 조개의 관자보다 크다.

(5) 해파리

식용 해파리의 갓 부분을 소금에 절여 만든 것이다. 해파리는 몸이 두껍고 옅은 갈색이며 소금기가 적은 것일수록 좋은 제품이다. 조리할 때는 하루 동안 물에 담가 소금기를 빼고 부드럽게 하여 사용한다. 냉채 등 식욕을 돋우는 전채요리의 재료로 이용한다.

(6) 해삼

해삼은 중국요리에서 매우 귀한 식재료로 사용된다. 밤색, 갈색으로 기다란 모양이며 표면에 돌기가 분명하고 탄력이 있는 것이 좋다. 해삼은 거의 말려서 유통되며, 마른 해삼의 경우 찬물에 담갔다가 이를 다시 끓는 물에 넣어서 끓어오르면 불을 끄고 그대로 둔다. 이와 같은 과정을 수차례 반복해서 사용하도록 하며 불리는 도중 기름이 들어가면 해삼이 불지 않으므로 주의한다.

(7) 전복

전복은 석결명이라 하여 약재로도 사용되며, 살을 눌러보았을 때 움직임이 있어야 하고 광택과 탄력이 있는 것으로 선택한다.

3. 채소류

(1) 죽순

대나무의 땅속줄기에서 돋아나는 어리고 연한 싹이다. 4~6월 사이에 잠깐 나오고 생것으로 오래 보관하기 힘들어 주로 통조림을 사용한다. 튀김이나 볶음요리에 어울리며 딤섬에도 많이 사용된다.

(2) 부추

중국에서는 가장 오랫동안 재배해온 채소 중의 하나이다. 선명한 초록색을 띠며 독특한 냄새가 있으며 매운맛이 약간 있다. 중국요리에서는 일반 부추보다 호부추라 하여 대가 굵고 볶았을 때 향이 강한 부추를 사용한다. 부추는 여러 음식에 사용하고 만두의 속 재료로 많이 사용한다.

(3) 배추

배추는 중국의 북부가 원산지이다. 속이 차 있고 얼거나 멍들지 않은 것이 좋은 것이다.

(4) 오이

백다다기오이와 푸른색을 이용하는 취청오이, 가시오이 등이 있으며 노과를 이용하는 노각도 있다. 칼끝으로 가시를 긁어 제거하거나 굵은 소금으로 문질러 씻어 손질하기도 한다. 쓴맛이 나는 오이의 경우, 꼭지 부분을 제거하고 조리한다.

(5) 청경채

청경채의 원산지는 중국이다. 잎은 둥글고 엷은 초록색을 띠며 아랫부분은 두껍고 단단하다. 잎은 선명한 녹색이 좋으며, 잎이 연하므로 데칠 때 밑동부터 넣는 것이 좋다. 중국요리에서 기름과 가장 잘 어울리는 채소로 볶음요리에 많이 사용된다.

(6) 양파

중국 음식에 가장 많이 들어가는 채소 중의 하나이다. 양파에는 당분이 약 10%나 들어 있어 많이 넣으면 단맛이 강조되어 풍미를 잃어버릴 수도 있다. 양파와 같이 튀기면 비린내 제거의 효과가 있다. 기름의 산화도 느리게 한다.

(7) 당근

홍당무라고도 한다. 베타카로틴이 많으므로 비타민A의 급원으로 중요한 식품이다. 중국요리에서 음식은 물론 장식품으로도 많이 사용된다.

(8) 호박

호박은 쥬키니호박, 애호박, 둥근호박 등이 있으며 호박씨는 단백질과 지방이 풍부하여 식용으로 가치가 크며 호박꽃도 식용으로 이용한다.

(9) 샐러리

샐러리의 향미 성분은 육류의 누린내, 생선의 비린내 제거에 유용하다. 잎은 튀김을 만들거나 쌈채로 사용한다. 줄기는 껍질을 벗기고 썰어 조림, 볶음 등에 다양하게 이용한다.

(10) 양송이버섯

양송이는 맛과 향기가 뛰어나 널리 소비되고 있다. 신선한 양송이버섯은 색상이 크림색이며 광택이 있는 것으로 갓이 피어나지 않고 둥근 모양이며 단단하고 균체가 고르며 알맞은 것, 향기가 좋고 육질이 적당한 것이 좋다.

(11) 표고버섯

중국요리에서 돼지고기, 죽순과 함께 가장 많이 사용되는 재료이다. 직경 3~6cm 정도의 크기로 고유의 향미와 색, 적당한 육질을 갖고 광택이 나는 것이 좋으며 갓이 피지 않고 등이 갈라져 적당히 건조된 상태인 것이 좋다. 튀김, 볶음, 탕 등에 두루 쓰인다. 생표고버섯은 저장성이 약하고 건표고버섯은 보관이 용이한 편이다. 품종의 이름은 채취상태에 따라 달라지며 상태에 따라 동고, 향고, 향신, 등외로 나뉘어 진다.

(12) 목이버섯

목이버섯은 중국요리에 많이 사용된다. 검은 목이버섯과 흰 목이버섯이 있으며 버섯 표면이 한천질로 되어 있다. 목이버섯은 찬물에 불려 사용하는 것이 좋고 불린 후 잎을 한 잎씩 떼어 사용한다. 주로 고급요리와 탕요리에 이용된다.

4. 기타 식재료

(1) 양장피

둥근 형태의 쟁반 모양으로, 녹두가루나 고구마 녹말을 이용하여 만든 얇은 건제품이다. 뜨거운 물에 2~3시간 불리거나 삶아서 사용한다. 그대로 튀기거나 냉채요리 등에 이용한다.

(2) 피단

오리의 알을 진흙소금, 왕겨 등의 혼합물에 싸서 항아리에 넣어 1개월 이상 밀폐하여 만든다. 삶거나 쪄서 익힌 후 껍질을 까면 표면에 소나무 꽃 모양이 핀다고 하여 송화단이라고도 한다. 냉채요리에 많이 사용하며 해파리냉채와 궁합이 좋다.

(3) 땅콩

땅콩은 콩과에 속하는 일년생의 초본식물로 지방질과 단백질을 많이 함유하고 있는 고열량 식품으로 직접 식용으로 이용되거나, 식용유, 버터, 마가린 등 다양한 분야에 이용되고 있다. 중국요리에서는 땅콩을 물에 불려서 소금을 넣고 삶아서 반찬으로 곁들여 사용하거나 소금을 넣고 볶아서 많이 사용한다.

5. 조미료

중식에서는 조미료가 중요한 식재료로 활용되고 있다. 조미료의 종류도 많고 사용하는 방법도 무척이나 다양하다. 조미료들은 각각 독자적인 맛과 향을 지니고 있고 조미료의 배합에 의해 다른 독특한 맛을 낸다.

(1) 굴소스

생굴을 소금과 발효시켜 만든 중국의 대표적인 조미식품이다. 굴의 감칠맛이 농축된 소스이며, 색은 진한 갈색을 띠고 있으며 짠맛이 있고 단맛도 있다. 신선한 향이 있어 볶음이나 조림, 튀김에 두루 쓰인다. 간장 대용으로 사용하면 윤기와 색은 물론 감칠맛을 낼 수 있다.

(2) 노두유

음식의 색을 내기 위해 사용되는 짙은 색의 중국식 간장이다. 맛은 진하고 농도가 있으며 단맛이 있는 것이 특징이다. 음식의 간을 맞추는 기본양념으로 짠맛·단맛·감칠맛 등이 복합된 독특한 맛과 함께 특유의 향을 지니고 있다.

(3) 생추왕 간장

광동 일대에서 사용하는 비교적 색깔이 짙은 간장을 통틀어 말하며 간장의 신선한 맛이 매우 진하다. 노두유보다 약간 묽은 짠 간장이다.

(4) 두반장

발효시킨 메주콩에 고추를 갈아 넣고 양념을 첨가하여 만든다. 들어가는 재료의 가짓수는 많지 않지만, 두반장은 발효 및 숙성 과정 중에 매운 정도나 향미가 매우 다양하다. 중국의 사천요리에서 가장 많이 사용된다. 맵고 칼칼한 맛을 내는 요리에 사용된다. 주요리는 마파두부, 새우 칠리소스, 돼지고기 요리, 냉채요리 등의 소스로 많이 사용된다.

(5) 해선장

물, 설탕, 대두, 식초, 소금, 쌀, 밀가루, 고추, 마늘을 이용하여 만들고, 대두를 중심으로 발효시켜 만든다. 짠맛과 단맛이 나고 특유의 고소하며 독특한 향 때문에 찍어 먹는 소스나 구이용 소스로 쓰이며, 국물의 간을 맞출 때 사용하는 등 다양하게 쓰인다. 해선장海鮮醬이란 이름 때문에 해산물이 들어갈 것 같지만 해산물은 사용하지 않는다.

(6) XO 소스

각종 조개, 새우, 고추, 햄, 게 혹은 말린 전복, 송로버섯 등 값비싼 식재료를 잘게 자른 후 고추기름에 볶아 만든 소스이다. 보통 소스 맛보다는 건더기 중심의 소스이다. 국수, 육류, 해산물요리, 채소요리, 두부요리, 볶음요리 등에 널리 사용된다.

(7) 홍식초

쌀 식초로 찹쌀, 아니스, 계피, 정향 등으로 만든 식초이며 딤섬과 함께 제공한다. 산라탕, 상어지느러미 요리 등에 사용된다.

(8) 춘장

대두, 소금, 밀가루를 이용하여 발효시킨 중국식 된장이다. 색깔은 검은 갈색이고, 6개월가량 발효를 시키면 검은색으로 변하여 맛이 깊어진다. 가열하면 짠맛이 엷어지고 단맛이 올라오는 특징이 있다. 검은콩 소스로 광동요리에 많이 사용되며, 독특한 향과 맛을 지니고 있다.

(9) 땅콩장

땅콩, 식물성기름, 설탕, 소금, 액당을 넣어 만든 소스이다. 고소한 맛으로 기호에 따라 요리나 디저트류에 넣어 먹는다.

(10) 소흥주

조리할 때 술의 향을 강하게 내는 중국 소흥지방의 명주로 청주 등과 같은 용도로 쓰인다.

(11) 매실 소스

중국 매실과 생강, 고추를 섞어 만든 소스로 단맛이 강하다. 매실의 연육 작용 때문에 육류 구이용으로도 쓰이고, 향도 뛰어나 튀김 요리의 소스로 쓰인다.

(12) 바비큐 소스

소스에 재운 후 굽거나 양념을 바르면서 굽는데 사용한다. 닭고기, 돼지고기, 소고기 등의 육류, 구이 요리 등의 소스로 많이 사용된다.

(13) 고추기름

고춧가루를 80~90℃의 기름에 볶아 우려 만든 기름으로 매운 향이 난다. 매운맛을 내는 요리나 고기 특유의 냄새를 잡을 때 쓰인다.

(14) 파기름

뜨거운 기름에 파를 넣어 끓여 만든다. 파의 감칠맛과 풍미가 있어 모든 요리에 두루 쓰인다. 기름은 한 번 열을 가하면 쉽게 산화되기 때문에 보관 시에는 주의해야 한다.

(15) 겨자소스

겨자소스는 양장피나 새우 냉채 등 중국 냉채 요리에 빠지지 않고 이용되는 소스이다. 매운맛과 향이 좋고 해독 작용이 있어 식중독 예방에도 효과가 있다. 겨자가루를 미지근한 물에 개어 15분 정도 따뜻한 곳에 숙성시켜 사용한다.

(16) 두시장

황두와 흑두를 삶아서 찐 뒤에 발효시킨 것이다. 두시의 종류는 건두시, 강두시, 수두시 등 세 종류로 분류할 수 있다.

(17) 치킨 파우더

중국요리에는 닭뼈 육수를 많이 쓰는데, 매번 닭 육수를 만들어 쓸 수는 없으므로 치킨 파우더를 많이 사용한다. 물과 함께 끓여 국물을 내거나 볶음요리에 첨가하여 감칠맛을 낸다. 일반 육수와 같은 풍부한 맛은 부족하다.

(18) 로깐마

매운 고추, 기름, 메주콩, 소고기가루, 여러 가지 향신료가 들어간 매운 소스로 훠궈나 마라 소스에 많이 이용한다. 알싸하게 매운맛과 향이 나며 양고기나 돼지고기 등에 잘 어울린다.

(19) 새우 간장

새우젓과 같이 독특한 냄새를 지녔다. 요리의 강한 맛을 내기 위해 사용한다. 볶음요리, 수프, 탕, 조미 국물이나 소스용으로 사용한다. 새우 이외에 멸치 같은 생선으로 만든 것도 있다.

(20) 액젓

새우, 조개, 멸치 등 어패류의 살, 알, 창자 등을 소금기 있는 양념에 절여 삭혀서 우러나온 저장 식품이다. 만드는 방법에 따라 여러 가지 종류가 있으며, 반찬 또는 조미용으로 사용된다.

6. 향신료

중국요리에는 다양한 향신료가 사용된다. 향신료가 요리의 향과 맛을 살리고, 육류와 어패류의 비린내와 같은 잡냄새를 없애며, 음식의 향미를 주기 때문이다. 향신료는 재료의 좋지 않은 냄새를 제거하거나, 재료의 독특한 맛을 강조하고 보존을 위하여 많이 사용된다.

(1) 고수

중국인들이 즐겨 먹는 방향이 특이한 향신료이다. 음식의 잡냄새를 제거하고 음식의 향을 첨가할 때 쓰이는 효과적인 향신료로 중국요리 및 쌀국수 요리에 많이 사용된다. 고수는 입맛을 돋우고 소화를 촉진시키며 위를 보호하는 데 도움을 준다.

(2) 구기자

구기자나무의 열매이다. 맛이 달고 자극적이지 않다.

(3) 인삼

인삼의 뿌리에는 사포닌이 들어 있으며, 맛이 달고 약간 쓰며 평한 성질로 원기를 회복시키고 정신을 안정시키며 진액을 생성하는 효능이 있다.

(4) 팔각

여덟 개의 씨방으로 이루어진 팔각은 상록수인 대회향의 열매로 대회향大茴香이라고도 한다. 열매가 익기 전에 수확하여 건조 후에 사용한다. 향기 성분인 아네올Anehol이 있어 음식의 향기를 증진시킨다. 고기를 삶거나 조림요리를 할 때 사용하며, 향을 내고 잡냄새를 제거하는 역할을 한다.

(5) 계피

계피는 계수나무의 얇은 나무껍질이다. 계피의 외피는 흑갈색을 띠며, 내피는 엷은 홍색을 띠는 것이 좋다. 맛은 청량한 단맛과 매운맛이 있고, 약용으로 쓰기도 하고 향료로 사용하기도 한다. 조리는 요리나 오래 끓이는 요리에 많이 사용된다.

(6) 산초

산초의 열매를 껍질째 건조시킨 것으로 향기가 짙게 난다. 알갱이 상태와 가루 상태로 빻은 것이 있다. 고기의 잡냄새를 없애 주고 절임 요리 등의 향을 내는 데 사용한다. 사천요리에 많이 사용되며 맛은 맵다. 다양한 조리법에 사용되면서 식욕 촉진을 증가시킨다. 사천지방의 마파두부 요리에 넣어 사용한다.

(7) 진피

귤껍질을 말린 것이며, 맛은 씁쓸하다. 비타민이 풍부하고 향이 좋아 향을 내거나 비릿하고 느끼한 맛을 없앨 때 사용된다.

(8) 후추

후추는 검은 것과 흰 것이 있고, 향과 맛은 맵고 뜨거운 성질을 갖고 있다. 비린내를 없애 주고 살균 효과가 있다.

(9) 파

파는 윗부분인 녹색 부분과 아랫부분인 백색 줄기 부분으로 나누어 사용한다. 파는 향이 좋고 강한 매운맛을 가지고 있어 육류, 생선류, 채소류의 잡내를 제거한다. 파를 이용하여 기름을 만들어 요리의 풍미를 돋우어 주는 역할을 한다.

(10) 마늘

이집트의 피라미드에 비문이 있을 정도로 그 역사가 오래된 식품 중 하나이다. 재료 특유의 비린내를 없애고, 맛과 향이 있어 무침의 양념으로도 많이 사용된다.

(11) 생강

고대부터 중국요리에 사용한 향신료이다. 생강은 쓴맛과 매운맛이 나며, 육류 등의 잡내를 감소시켜 주는 역할을 한다. 보통 말려 갈아서 빵, 과자, 카레요리, 소스, 피클 등에 이용한다.

(12) 정향

정향나무의 꽃봉오리인 정향丁香은 맛이 맵고 뜨거운 성질로 짠맛, 단맛 등 어느 쪽이나 다 어울린다. 고기나 생선의 조림요리, 간식 등에 폭넓게 사용된다. 향이 강하므로 알맞게 사용해야 한다.

(13) 월계수 잎

월계수 생잎을 그대로 건조하여 향신료로 사용한다. 생잎의 맛은 약간 쓴맛이 나지만, 건조시키면 단맛과 향긋한 향이 난다.

(14) 건고추

고추를 말린 것으로 매운맛을 내는 요리에 사용된다태국 고추, 베트남 고추, 사천 고추 등. 가루는 고추기름을 만들 때 사용되며, 매운 요리를 만드는 데 사용된다.

(15) 감초

콩과의 여러 해 살이 풀인 감초의 뿌리를 말린 것으로 껍질이 얇고 붉은빛을 띠며 맛이 달수록 좋은 것이다.

(16) 회향

회향은 회향의 과실을 말린 향신료이다. 휘발성 화합물의 성분이 회향 고유의 향을 나게 해서 향신료로 사용이 된다. 오향 중의 하나로 사용이 된다.

(17) 커민큐민

커민cummin의 씨로 특유의 톡 쏘는 쓴맛을 갖고 있다. 다른 향신료보다 강한 향을 가지고 있다. 중동, 인도, 중국 등 다양한 나라에서 사용하고 있으며, 양고기에 잘 어울린다.

제 2 부

중식 조리기능사

수험자 유의사항

1. 만드는 순서에 유의하며, 위생과 숙련된 기능평가를 위하여 조리작업 시 맛을 보지 않는다.
2. 지정된 수험자 지참준비물 이외의 조리기구나 재료를 시험장 내에 지참할 수 없다.
3. 지급재료는 시험 전 확인하여 이상이 있을 경우 시험위원으로부터 조치를 받고 시험 중에는 재료의 교환 및 추가지급은 하지 않는다.
4. 요구사항 및 지급재료의 규격은 "정도"의 의미를 포함하며, 재료의 크기에 따라 가감하여 채점된다.
5. 위생복, 위생모, 앞치마, 마스크를 착용하여야 하며, 시험장비 · 조리기구 취급 등 안전에 유의한다.
6. 다음 사항은 실격에 해당하여 채점 대상에서 제외된다.
   ① 수험자 본인이 시험 도중 시험에 대한 포기 의사를 표현하는 경우
   ② 위생복, 위생모, 앞치마, 마스크를 착용하지 않은 경우
   ③ 시험시간 내에 과제 두 가지를 제출하지 못한 경우
   ④ 문제의 요구사항대로 과제의 수량이 만들어지지 않은 경우
   ⑤ 완성품을 요구사항의 과제(요리)가 아닌 다른 요리(예, 달걀말이 → 달걀찜)로 만든 경우
   ⑥ 불을 사용하여 만든 조리작품이 작품특성에 벗어나는 정도로 타거나 익지 않은 경우
   ⑦ 해당 과제의 지급재료 이외 재료를 사용하거나, 요구사항의 조리기구(석쇠 등)로 완성품을 조리하지 않은 경우
   ⑧ 지정된 수험자 지참준비물 이외의 조리기술에 영향을 줄 수 있는 기구를 사용한 경우
   ⑨ 가스레인지 화구 2개 이상(2개 포함) 사용한 경우
   ⑩ 시험 중 시설 · 장비(칼, 가스레인지 등) 사용 시 시험위원 및 타수험자의 시험 진행에 위해를 일으킬 것으로 시험위원 전원이 합의하여 판단한 경우
   ⑪ 요구사항에 표시된 실격 및 부정행위에 해당하는 경우
7. 항목별 배점은 위생상태 및 안전관리 각 5점, 조리기술 30점, 작품의 평가 15점이다.
8. 시험 시작 전 가벼운 몸 풀기(스트레칭) 동작으로 긴장을 풀고 시험을 시작한다.

01 오징어 냉채(冷拌墨魚)

시험시간 20분

[요구사항]

※ 주어진 재료를 사용하여 오징어 냉채를 만드시오.

1. 오징어 몸살은 종횡으로 칼집을 내어 3~4cm로 썰어 데쳐서 사용하시오.
2. 오이는 얇게 3cm 편으로 썰어 사용하시오.
3. 겨자를 숙성시킨 후 소스를 만드시오.

[지급재료]

[주재료]

갑오징어살(오징어 대체가능) ················ 100g

오이(가늘고 곧은 것, 길이 20cm) ··········· 1/3개

[조미료]

식초 ···································· 30mL

흰설탕 ·································· 15g

소금(정제염) ···························· 2g

참기름 ·································· 5mL

겨자 ···································· 20g

[재료손질 전]

[재료손질 후]

[만드는 방법]

① 냄비에 물 올리고 볼에 겨자 1T, 미지근한 물 1T 개어 냄비 뚜껑에 엎거나 비닐 팩에 넣어 따뜻한 냄비 옆에 두고 발효한다.

② 오징어는 껍질을 제거하고 내장 쪽에 종횡으로 칼집을 내어 3~4cm 크기로 썬다.

③ 칼집 낸 오징어는 끓는 소금물에 데쳐 찬물에 헹군다.

④ 오이는 반으로 갈라 3cm 크기로 어슷하게 편 썬다. ※나비 모양 만들어 접시에 돌려도 됨

⑤ 발효한 겨자 1T와 설탕 1T 먼저 갠 다음 식초 2T, 소금 1/2t, 참기름 넣어 알갱이 없이 풀어 겨자 소스 만든다.

⑥ 편 썬 오이의 1/2분량은 완성 접시에 올려 담는다.

⑦ 볼에 데친 오징어와 나머지 1/2 오이, 겨자 소스 섞고 접시에 담아낸다.

Tips

- 나비 모양 만들어 접시에 돌려도 된다.
- 겨자는 설탕 먼저 섞고 나머지 조미료 넣는다.

순서요약

냄비에 데칠 물 올리기 → 겨자 발효 → 오징어 손질, 칼집 넣기, 데치기 → 오이 썰기 → 겨자 소스 만들기 → 접시에 오이 돌려담기 → 오징어 소스에 버무려 담기

요리명 : 오징어 냉채(冷拌墨魚)

완성사진

실습일 : 월 일

나의 레시피

조리 TIP

조리 시 느낀점

02 해파리 냉채(冷拌蜇皮)

시험시간 20분

[요구사항]

※ 주어진 재료를 사용하여 다음과 같이 해파리 냉채를 만드시오.

1. 해파리는 염분을 제거하고 살짝 데쳐서 사용하시오.
2. 오이는 0.2cm × 6cm 크기로 어슷하게 채를 써시오.
3. 해파리와 오이를 섞어 마늘소스를 끼얹어 내시오.

[지급재료]

[주재료]

해파리 ········ 150g

오이(가늘고 곧은 것, 길이 20cm) ········ 1/2개

[부재료]

마늘(중, 깐 것) ········ 3쪽

[조미료]

식초 ········ 45mL

흰설탕 ········ 15g

소금(정제염) ········ 7g

참기름 ········ 5mL

[재료손질 전]

[재료손질 후]

[만드는 방법]

① 냄비에 해파리 데칠 물 올린다.
② 해파리는 여러 번 주물러 씻어 찬물에 담가 염분 제거한다.
60℃ 정도의 물에 염분 제거한 해파리 살짝 데친다.
데친 해파리 깨끗하게 씻어 식초물(물 1C+식초 1T)에 담가둔다.
③ 마늘은 입자 있게 다지고 오이는 소금으로 비벼 씻어 0.2cm × 6cm 길이로 어슷하게 채 썬다.
④ 다진마늘, 식초 1T, 설탕 1T, 소금 1/2t, 참기름 섞어 마늘 소스 만든다.
⑤ 해파리는 꼭 짜서 물기 제거하고 채 썬 오이와 가볍게 섞어 모양 잡아준다.
⑥ 모양 살려 접시에 담고 마늘 소스 끼얹어 낸다.

Tips

- 해파리는 끓는 물에 데쳐 식기 전에 불순물 제거한다.

순서요약

냄비에 물 올리기 → 해파리 염분 제거 → 해파리 데쳐 식초 물에 담그기 → 마늘 다지고 오이 채썰기 → 소스 만들기 → 물기 제거한 해파리, 오이 섞어 접시에 담기 → 소스 끼얹어 제출

요리명 : 해파리 냉채(冷拌蜇皮)

완성사진

실습일 : 월 일

나의 레시피

조리 TIP

조리 시 느낀점

03 탕수육(糖水肉)

시험시간 30분

[요구사항]

※ 주어진 재료를 사용하여 탕수육을 만드시오.

1. 돼지고기는 길이 4cm, 두께 1cm의 긴 사각형 크기로 써시오.
2. 채소는 편으로 써시오.
3. 앙금녹말을 만들어 사용하시오.
4. 소스는 달콤하고 새콤한 맛이 나도록 만들어 돼지고기에 버무려 내시오.

[지급재료]

[주재료]

- 돼지등심(살코기) ······ 200g

[부재료]

- 당근(길이로 썰어서) ······ 30g
- 완두콩(통조림) ······ 15g
- 오이(가늘고 곧은 것 20cm, 원형으로 지급) ····· 1/4개
- 녹말가루(감자전분) ······ 100g
- 대파(흰부분, 6cm) ······ 1토막
- 건 목이버섯 ········ 1개
- 달걀 ······ 1개
- 양파(중 150g) ····· 1/4개

[조미료]

- 진간장 ······ 15mL
- 흰설탕 ······ 100g
- 식초 ······ 50mL
- 청주 ······ 15 mL
- 식용유 ······ 800mL

[재료손질 전]

[재료손질 후]

[만드는 방법]

① 냄비에 데칠 물 올린다.

② 녹말가루 1/2C, 물 1/2C 섞어 앙금 녹말 만든다.

③ 따뜻한 물에 목이버섯 불리고 완두콩은 끓는 물에 데친다.

④ 튀김팬에 식용유 예열해 둔다. 돼지고기는 기름기 제거하고 길이 4cm, 두께 1cm의 긴 사각형 크기로 썰어 진간장, 청주로 밑간한다.

⑤ 오이, 당근, 양파, 대파는 돼지고기와 비슷한 크기로 편 썰고 불린 목이버섯은 손으로 뜯어 준다.

⑥ 달걀 흰자 1T, 앙금 녹말 섞어 초벌 간 해둔 돼지고기와 버무려 170℃ 정도 기름에 두 번 바삭하게 튀겨낸다.

⑦ 녹말가루 1T, 물 2T 섞어 물 녹말 만들고 설탕 3T, 식초 2T, 진간장 1T, 물 1C 넣어 탕수 소스 만든다.

⑧ 예열된 팬에 식용유 두르고 대파 볶아 향을 낸 다음 진간장 1t, 청주 1t로 간하고 양파, 당근, 목이버섯, 완두콩, 오이 넣어 볶는다.

⑨ ⑦의 만들어 놓은 탕수 소스 붓고 끓으면 물 녹말로 농도 맞춘다.

⑩ 튀겨 놓은 돼지고기 ⑨의 소스에 버무려 담아낸다.

순서요약

냄비에 물 올리기 → 앙금 녹말 만들기 → 돼지고기 손질해서 초벌 간 하기 → 채소 썰기 → 튀김옷 만들어 돼지고기 튀기기 → 탕수 소스 만들어 버무리기

Tips

- 앙금 녹말을 먼저 만든다.
- 채소는 돼지고기의 크기와 비슷하게 손질한다.

요리명 : 탕수육(糖水肉)

완성사진

실습일 : 월 일

나의 레시피

조리 TIP

조리 시 느낀점

04 깐풍기(干烹鷄)

시험시간 30분

[요구사항]

※ 주어진 재료를 사용하여 깐풍기를 만드시오.

1. 닭은 뼈를 발라낸 후 사방 3cm 사각형으로 써시오.
2. 닭을 튀기기 전에 튀김옷을 입히시오.
3. 채소는 0.5cm×0.5cm로 써시오.

[지급재료]

[주재료]

닭다리 …… 1개

[부재료]

녹말가루(감자전분) …… 100g

대파(흰부분, 6cm) …… 2토막

청피망(중, 75g) …… 1/4개

마늘(중, 깐 것) …… 3쪽

홍고추(생) …… 1/2개

달걀 …… 1개

생강 …… 5g

[조미료]

진간장 …… 15mL

참기름 …… 5mL

청주 …… 15mL

소금(정제염) …… 10g

흰설탕 …… 15g

검은후춧가루 …… 1g

식초 …… 15mL

식용유 …… 800mL

[재료손질 전]

[재료손질 후]

[만드는 방법]

① 녹말가루 1/2C, 물 1/2C 섞어 물 녹말 불려 두고 튀김팬에 기름 예열해 둔다.

② 닭고기는 뼈를 발라 사방 3cm 사각형으로 썰어 진간장 1/2t, 소금, 청주, 검은 후춧가루로 밑간한다.

③ 마늘, 생강, 대파, 청피망, 홍고추 사방 0.5cm×0.5cm 크기로 썬다.

④ 밑간한 닭고기에 달걀 1T, 불린 녹말 버무려 170℃ 정도 튀김기름에 두 번 바삭하게 튀겨낸다.

⑤ 진간장 1T, 설탕 1T, 식초 1T, 물 2T 섞어 깐풍 소스 만든다.

⑥ 예열한 팬에 식용유 1T 두르고 대파, 마늘, 생강으로 향 낸 다음 홍고추, 청피망 볶고 만들어둔 깐풍소스 넣어 끓인다.

⑦ ⑥ 깐풍소스에 튀긴 닭고기 넣어 버무리고 참기름 둘러 접시에 담아낸다.

Tips

- 미리 만들어둔 깐풍 소스는 잘 녹여서 사용한다.
- 깐풍소스 윤기 나게 졸여지면 튀긴 닭 넣어 버무린다.

순서요약

물 전분 만들기 → 튀김기름 예열하기 → 닭 손질하기 → 채소 손질하기 → 닭고기 튀기기 → 소스 만들어 버무리기

요리명 : 깐풍기(干烹鷄)

완성사진

실습일 :　　　월　　일

나의 레시피

조리 TIP

조리 시 느낀점

05 탕수생선살(糖醋魚塊)

시험시간 30분

[요구사항]

※ 주어진 재료를 사용하여 다음과 같이 탕수생선살을 만드시오.

1. 생선살은 1cm×4cm 크기로 썰어 사용하시오.
2. 채소는 편으로 썰어 사용하시오.
3. 소스는 달콤하고 새콤한 맛이 나도록 만들어 튀긴 생선에 버무려 내시오.

[지급재료]

[주재료]

흰생선살(껍질 벗긴 것, 동태 또는 대구) ········· 150g

[부재료]

당근 ········· 30g

오이(가늘고 곧은 것, 20cm) ········· 1/6개

완두콩 ········· 20g

파인애플(통조림) ········· 1쪽

건목이버섯 ········· 1개

녹말가루(감자전분) ········· 100g

달걀 ········· 1개

[조미료]

식초 ········· 60mL　　진간장 ········· 30g

흰설탕 ········· 100g　　식용유 ········· 600mL

[재료손질 전]

[재료손질 후]

[만드는 방법]

① 냄비에 완두콩 데칠 물 올린다.
② 녹말가루 1/2C, 물 1/2C 섞어 앙금 녹말 만들어 둔다.
③ 따뜻한 물에 목이버섯 불리고 완두콩은 끓는 물에 데친다.
④ 튀김팬에 기름 예열해 둔다. 생선 살은 수분 제거하고 1cm × 4cm 크기로 썬다.
⑤ 오이, 당근은 생선 살과 비슷한 크기로 편 썰고 파인애플은 8조각으로 자르고 불린 목이버섯은 손으로 뜯어준다.
⑥ 달걀 흰자 1T, 앙금 녹말 섞어 손질해 둔 생선 살과 버무려 170℃ 정도 식용유에 두 번 바삭하게 튀겨낸다.
⑦ 녹말가루 1T, 물 2T 섞어 물 녹말 만든다. 진간장 1T, 식초 2T, 설탕 3T, 물 1C 섞어 탕수 소스 만든다.
⑧ 예열된 팬에 식용유 두르고 당근, 파인애플, 목이버섯, 완두콩, 오이 넣어 볶는다.
⑨ ⑦의 만들어 놓은 탕수 소스 붓고 끓으면 물 녹말로 농도 맞춰 소스 완성한다.
⑩ 소스에 튀긴 생선 버무려 완성 접시에 담아 낸다.

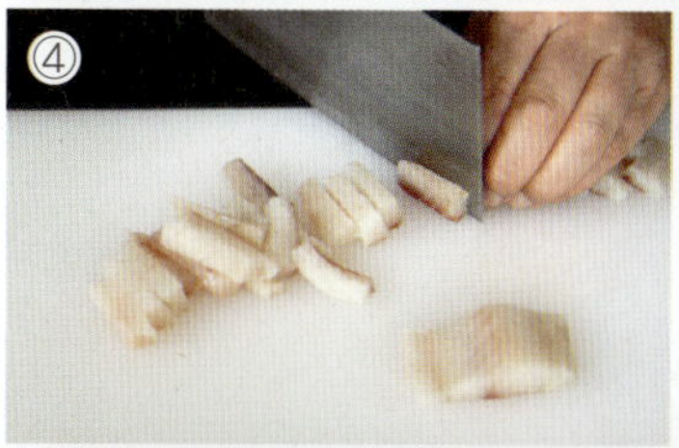

Tips

- 생선 살은 머리에서 꼬리 방향 길이로 썬다.
- 탕수 소스는 잘 저어 사용한다.

순서요약

데칠 물 올리기 → 앙금 녹말 만들기 → 생선 손질하기 → 기름 예열하기 → 부재료 손질하기 → 튀김옷 입혀 튀기기 → 소스 만들기

요리명 : 탕수생선살(糖醋魚塊)

완성사진

실습일 :　　　월　　일

나의 레시피

조리 TIP

조리 시 느낀점

06 난자완스(南煎丸子)

시험시간 30분

[요구사항]

※ 주어진 재료를 사용하여 다음과 같이 난자완스를 만드시오.

1. 완자는 지름 4cm로 둥글고 납작하게 만드시오.
2. 완자는 손이나 수저로 하나씩 떼어 팬에서 모양을 만드시오.
3. 채소는 4cm 크기의 편으로 써시오.(단, 대파는 3cm크기)
4. 완자는 갈색이 나도록 하시오.

[조미료]

- 소금(정제염) ··········3g
- 검은후춧가루··········1g
- 진간장··············15mL
- 청주 ················20mL
- 참기름··············· 5mL
- 식용유··········· 800mL

[지급재료]

[주재료]

- 돼지등심(다진 살코기)································· 200g

[부재료]

- 마늘(중, 깐것) ···2쪽
- 대파(흰부분, 6cm) ································ 1토막
- 달걀 ···1개
- 녹말가루(감자전분) ·································· 50g
- 죽순[통조림(whole), 고형분] ························ 50g
- 건표고버섯(지름 5cm, 물에 불린 것) ················2개
- 생강 ·· 5g
- 청경채·· 1포기

[재료손질 전]

[재료손질 후]

[만드는 방법]

① 죽순은 4cm 크기의 편으로 썰어 끓는 물에 데친다.
② 표고버섯, 청경채 4cm 크기 편으로 썬다.
③ 생강, 마늘은 편으로 썰고 대파는 3cm 크기로 썬다.
④ 돼지고기는 다시 곱게 다져서 진간장 1t, 청주 1t, 소금, 검은 후춧가루로 밑간한다.
⑤ ④에 달걀물 전량, 녹말가루 2T 넣어 잘 섞어 반죽한다.
⑥ 팬에 식용유 넉넉히 두르고 지름 4cm의 둥글고 납작한 완자 만들어 갈색이 나도록 지진다.
⑦ 전분 1T, 물 2T 섞어 물 녹말 만든다. 팬에 식용유 1T 두르고 대파, 마늘, 생강으로 향을 낸 다음 진간장 2/3T, 청주 1T 넣어 간한다.
⑧ ⑦에 표고버섯, 죽순, 청경채 볶다가 검은 후춧가루, 소금 1/2t , 물 1C 붓고 끓인다.
⑨ ⑧에 지진 완자 넣고 졸이듯 끓이다 물 전분으로 농도 조절하고 참기름을 둘러 담아 낸다.

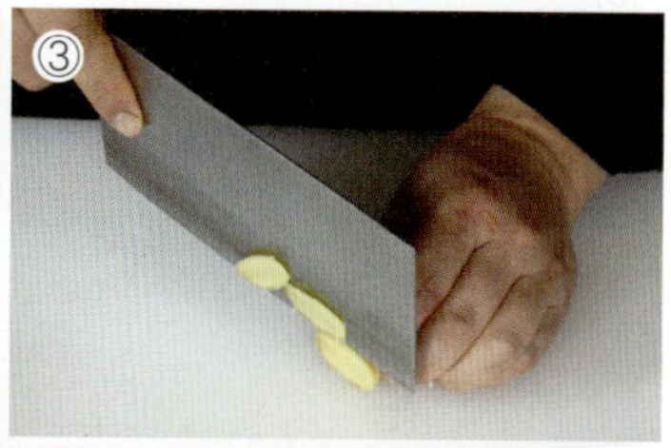

Tips

- 달걀은 전란 넣어 완자 만들면 갈색이 잘 난다.
- 완자는 계량 스푼으로 떠서 만들면 4cm 정도된다.
- 완자 먼저 졸이고 물 전분 농도 맞춘다

순서요약

냄비에 물 올리기 → 죽순 데치기 → 채소 손질하기 → 돼지고기 반죽하기 → 완자 지지기 → 소스 만들어 완성하기

요리명 : 난자완스(南煎丸子)

완성사진

실습일 : 월 일

나의 레시피

조리 TIP

조리 시 느낀점

07 홍쇼두부(紅燒豆腐)

[요구사항]

※ 주어진 재료를 사용하여 홍쇼두부를 만드시오.

1. 두부는 가로와 세로 5cm, 두께 1cm의 삼각형 크기로 써시오.
2. 채소는 편으로 써시오.
3. 두부는 으깨어지거나 붙지 않게 하고 갈색이 나도록 하시오.

[지급재료]

[주재료]

두부 ················150g　　돼지등심(살코기) ··· 50g

[부재료]

건표고버섯(지름 5cm, 물에 불린 것) ···············1개
죽순[통조림(whole), 고형분] ························ 30g
양송이[통조림(whole), 양송이 큰 것] ··············1개
대파(흰부분, 6cm) ································1토막
녹말가루(감자전분) ································· 10g
청경채·············1포기　　마늘(중, 깐 것) ····· 2쪽
홍고추(생) ·········· 1개　　생강 ····················5g
달걀 ················ 1개

[조미료]

청주 ················ 5mL　　진간장·············15mL
참기름·············· 5mL　　식용유··········· 500mL

[재료손질 전]

[재료손질 후]

[만드는 방법]

① 냄비에 채소 데칠 물 올린다.

② 두부는 가로와 세로 5cm, 두께 1cm의 삼각형 크기로 썰어 물기 제거한다.

③ 죽순, 대파, 홍고추, 청경채, 표고버섯, 대파는 두부와 비슷한 길이의 편으로 썬다.

④ 양송이, 마늘, 생강은 편으로 썬다.

⑤ 물이 끓으면 죽순, 양송이버섯 데친다.

⑥ 돼지고기 핏물 제거하고 두부와 비슷한 길이의 편으로 썰어 간장, 청주로 초벌 간하고 달걀흰자, 녹말가루 입혀둔다.

⑦ 팬에 식용유 넉넉히 두르고 ⑥의 돼지고기 약한 불에서 지지듯 익혀 체에 밭쳐둔다.

⑧ 팬에 식용유 넉넉히 두르고 물기 제거한 두부 노릇하게 튀긴다.

⑨ 녹말가루 1T, 물 2T 섞어 물 녹말 만들어 둔다. 예열된 팬에 식용유 두르고 마늘, 생강, 대파 볶아 향을 낸 다음 진간장 1T, 청주 1T로 간한다.

⑩ ⑨에 표고버섯, 양송이, 죽순, 홍고추, 청경채 볶고 물 1C 붓고 끓인다.

⑪ ⑦의 익혀둔 돼지고기 ⑧의 튀긴 두부 넣고 살짝 졸여 물 녹말 풀어 농도 맞추고 참기름 둘러 담아낸다.

Tips

- 두부는 황금색이 나도록 튀긴다.
- 채소와 고기는 두부와 비슷한 길이로 준비한다.
- 채소의 색이 변하지 않도록 졸인다.

순서요약

데칠 물 올리기 → 두부 썰어 물기 제거하기 → 채소 썰기 → 고기 썰어 밑간하기 → 기름 예열하기 → 고기초벌 익히기 → 두부 튀기기 → 채소 볶아 소스 만들기 → 두부 넣어 졸여 완성하기

요리명 : 홍소두부(紅燒豆腐)

완성사진

실습일 :   월   일

나의 레시피

조리 TIP

조리 시 느낀점

08 마파두부(麻婆豆腐)

[요구사항]

※ 주어진 재료를 사용하여 마파두부를 만드시오.

1. 두부는 1.5cm의 주사위 모양으로 써시오.
2. 두부가 으깨어지지 않게 하시오.
3. 고추기름을 만들어 사용하시오.
4. 홍고추는 씨를 제거하고 0.5cm × 0.5cm로 써시오.

[조미료]

두반장················10g
검은후춧가루··········5g
흰설탕··················5g
참기름···············5mL
식용유·············60mL
진간장·············10mL
고춧가루············15g

[지급재료]

[주재료]

두부 ···150g
돼지등심(다진살코기)······························50g

[부재료]

마늘(중, 깐 것) ······································2쪽
생강 ··5g
대파(흰부분, 6cm) ·····························1토막
홍고추(생) ··1/2개
녹말가루(감자전분) ·······························15g

[재료손질 전]

[재료손질 후]

[만드는 방법]

① 팬에 식용유 3T, 고춧가루 1T 넣어 약한 불에 끓여 고추기름 만들어 체에 내려둔다.

② 냄비에 두부 데칠 물 올린다.

③ 마늘, 생강은 다진다. 홍고추는 씨 제거하고 0.5cm × 0.5cm로 썰고 대파는 속대 제거하고 0.5cm × 0.5cm로 썬다.

④ 돼지고기는 핏물 제거하고 한 번 더 다져준다.

⑤ 끓는 물에 두부 데쳐둔다.

⑥ 녹말 1T, 물 2T 섞어 물 전분 만든다. 예열된 팬에 고추기름 두르고 파, 마늘, 생강으로 향을 내고 진간장으로 간한다.

⑦ ⑥에 돼지고기 넣어 뭉쳐지지 않게 풀고 홍고추 넣어 볶고 두반장, 설탕, 검은 후춧가루, 물 1C 순서로 넣어 끓인다.

⑧ ⑤의 데쳐둔 두부 넣어 끓이고 물 전분으로 농도 맞추고 참기름 둘러 담아낸다.

Tips

- 고추기름은 고온에서 만들면 타서 색깔이 곱지 않다.
- 두부는 데쳐서 건져두면 식거나 모양이 흐트러지기 때문에 데친 물에 담가 두었다가 완성 전에 건지면 조리 시간이 단축된다.

순서요약

고추기름 만들기 → 데칠 물 올리기 → 재료 썰기 → 두부 데치기 → 소스 만들기 → 데친 두부 넣어 완성하기

요리명 : 마파두부(麻婆豆腐)

완성사진

실습일 : 월 일

나의 레시피

조리 TIP

조리 시 느낀점

09 새우케첩볶음(茄汁蝦仁)

시험시간 25분

[요구사항]

※ 주어진 재료를 사용하여 다음과 같이 새우케첩볶음을 만드시오.

1. 새우 내장을 제거하시오.
2. 당근과 양파는 1cm 크기의 사각으로 써시오.

[지급재료]

[주재료]

작은 새우살(내장이 있는 것) ······ 200g

[부재료]

녹말가루(감자전분) ······ 100g

당근(길이로 썰어서) ······ 30g

양파(중, 150g) ······ 1/6개

대파(흰부분, 6cm) ······ 1토막

토마토케첩 ······ 50g

생강 ······ 5g

달걀 ······ 1개

완두콩 ······ 10g

[조미료]

진간장 ······ 15mL

청주 ······ 30mL

소금(정제염) ······ 2g

흰설탕 ······ 10g

식용유 ······ 800mL

[기타]

이쑤시개 ······ 1개

[재료손질 전]

[재료손질 후]

[만드는 방법]

① 냄비에 데칠 물 올려 물 끓으면 소금 넣고 완두콩 데친다.
② 새우는 이쑤시개로 내장을 제거하고 소금, 청주 1t로 밑간한다.
③ 튀김팬에 식용유 예열해 둔다.
④ 생강은 편으로 썰고 대파, 당근, 양파는 1cm 크기의 사각으로 썬다.
⑤ 달걀 2T, 전분 3T, 물 1T 잘 섞어 ②의 밑간한 새우 버무려 170℃ 정도 식용유에 두 번 바삭하게 튀겨낸다.
⑥ 팬에 식용유 1T 두르고 대파, 생강으로 향낸 다음 진간장 1T, 청주 1T로 간한다.
⑦ 양파, 당근, 완두콩 넣고 살짝 볶고 케첩 3T 넣어 볶아 신맛 날리고 설탕 2/3T, 물 1/2C 넣어 끓이고 물 녹말로 농도 맞춘다.
⑧ ⑤의 튀겨 둔 새우 버무려 담아낸다.

Tips

- 새우는 한 마리씩 기름에 넣어 튀김옷이 서로 붙지 않게 한다.
- 튀김옷이 단단해지면 저어가며 튀긴다.
- 물 전분은 조금씩 풀어 농도 맞춘다.

순서요약

물 끓여 완두콩 데치기 → 새우 내장 제거하고 초벌 간하기 → 튀김 기름 올리기 → 채소 썰기 → 새우 달걀, 전분 입혀 튀기기 → 소스 만들기 → 소스 버무려 완성하기

요리명 : 새우케첩볶음(茄汁蝦仁)

완성사진

실습일 : 월 일

나의 레시피

조리 TIP

조리 시 느낀점

10 양장피잡채(炒肉兩張皮)

시험시간 35분

[요구사항]

※ 주어진 재료를 사용하여 양장피 잡채를 만드시오.

1. 양장피는 4cm로 하시오.
2. 고기와 채소는 5cm 길이의 채를 써시오.
3. 겨자는 숙성시켜 사용하시오.
4. 볶은 재료와 볶지 않는 재료의 분별에 유의하여 담아 내시오.

[조미료]

진간장	5mL	흰설탕	30g
참기름	5mL	식용유	20mL
겨자	10g	소금(정제염)	3g
식초	50mL		

[지급재료]

[주재료]

양장피 ········· 1/2장

[부재료]

당근(길이로 썰어서) ········· 50g

오이(가늘고 곧은 것, 길이 20c) ········· 1/3개

갑오징어살(오징어대체가능) ········· 50g

돼지등심(살코기)	50g	작은새우살	50g
양파(중, 150g)	1/2개	건해삼(불린 것)	60g
조선부추	30g	달걀	1개
건목이버섯	1개		

[재료손질 전]

[재료손질 후]

[만드는 방법]

① 냄비에 물 올리고 볼에 겨자 1T, 미지근한 물 1T 개어 냄비 뚜껑에 엎거나 비닐팩에 넣어 따뜻한 냄비 옆에 두고 숙성한다.

② 양장피, 목이버섯은 미지근한 물에 각각 불린다.

③ 당근은 편으로 썰어 끓는 물에 데치고 새우는 내장 제거하고 데치고 해삼도 데친다.

④ 오징어는 껍질 벗기고 내장 쪽에 칼집 넣어 데친다.

⑤ 불린 양장피 사방 4cm로 썰어 끓는 물에 데쳐 찬물에 헹궈 참기름으로 버무려 놓는다.

⑥ 달걀 곱게 풀어 지단 부친다.

⑦ 데친 당근, 해삼, 칼집 넣은 오징어는 5cm 길이로 채 썰어 색깔이 겹치지 않도록 완성 접시에 돌려 담는다. 새우는 모양대로 담는다.

⑧ 달걀 지단과 오이도 5cm 길이로 채를 썰어 완성 접시에 담는다.

⑨ 양파 5cm 길이로 채 썰고, 부추는 줄기부분과 잎 부분 나누어 5cm 길이로 썰고 목이버섯은 손으로 뜯는다.

⑩ 돼지고기는 핏물 제거하고 5cm 길이로 채썬다.

⑪ 발효한 겨자에 설탕 1T 먼저 갠 다음 식초 1T, 소금 1/2t, 물 1T, 참기름 넣어 겨자 소스 만든다.

⑫ 데친 재료 돌려 담은 접시 중앙에 ⑤의 양장피 펼쳐 담아 놓는다.

⑬ 팬에 식용유 두르고 돼지고기 볶다가 간장 1t 넣고 양파 → 목이버섯 → 부추 순서로 볶은 후 참기름 넣는다.

⑭ ⑫의 데친 재료 담은 접시 중앙에 볶은 재료 소복하게 담고 겨자 소스 끼얹거나 따로 낸다.

순서요약

냄비에 물 올리기 → 겨자 발효하기 → 돌려 담는 재료 데쳐 썰어 접시에 담기 → 양장피 담기 → 볶는 재료 썰어서 볶아 중앙에 담기

Tips

- 겨자와 설탕 먼저 잘 섞고 나머지 조미료 넣어 풀어 준다.
- 돌려 담는 재료 색깔 겹치지 않게 조화롭게 담는다.

요리명 : 양장피잡채(炒肉兩張皮)

완성사진

실습일 :　　　월　　일

나의 레시피

조리 TIP

조리 시 느낀점

11 고추잡채(青椒肉絲)

시험시간 25분

[요구사항]

※ 주어진 재료를 사용하여 고추잡채를 만드시오.

1. 주재료 피망과 고기는 5cm의 채로 써시오.
2. 고기는 간을 하여 기름에 익혀 사용하시오.

[지급재료]

[주재료]

돼지등심(살코기) ······ 100g

[부재료]

청피망(중, 75g) ······ 1개

죽순[통조림(whole), 고형분] ······ 30g

건표고버섯(지름 5cm, 물에 불린 것) ······ 2개

양파(중, 150g) ······ 1/2개

달걀 ······ 1개

녹말가루(감자전분) ······ 15g

[조미료]

청주 ······ 5ml

참기름 ······ 5ml

식용유 ······ 150ml

소금(정제염) ······ 5g

진간장 ······ 15ml

[재료손질 전]

[재료손질 후]

[만드는 방법]

① 냄비에 데칠 물 올린다.
② 돼기고기는 핏물제거하고 0.3cm × 5cm 길이 결대로 채 썰어 진간장 5t, 청주 1t로 초벌 간한다.
③ 물이 끓으면 죽순, 표고 데쳐 포 뜬 후 5cm 길이로 채 썬다.
④ 청 피망, 양파 5cm 길이로 채 썬다.
⑤ 초벌 간한 고기에 달걀흰자 1/2T, 녹말가루 1/2T 넣어 버무린다.
⑥ 후라이팬에 식용유 4T 넣고 60℃정도에 고기 넣어 풀어가면서 부드럽게 익혀 체에 밭쳐 기름 빼준다.
⑦ 후라이팬에 고기에서 밭쳤던 기름 1T 두르고 양파 → 소금 → 죽순 → 표고 → 청피망 → 볶아 놓은 돼지고기 순서로 볶는다.
⑧ 참기름 둘러 완성 접시에 담아낸다.

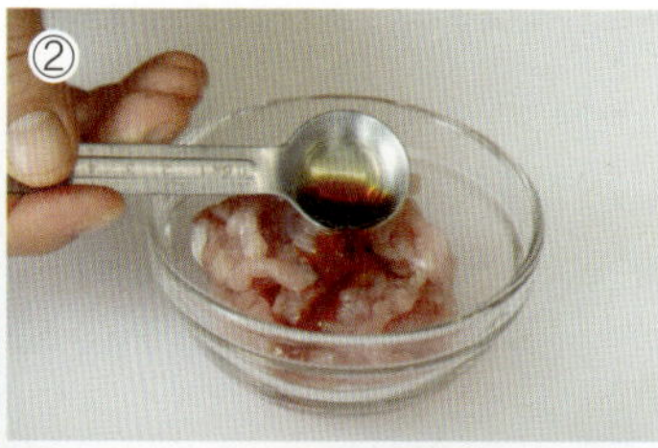

Tips

- 고기는 약한 불에 덩어리지지 않게 볶아 익으면 바로 체에 밭친다.
- 피망은 색깔이 선명하게 볶는다.

순서요약

냄비에 물 올리기 → 고기 초벌 간하기 → 죽순, 표고 데쳐 채썰기 → 청피망, 양파 채썰기 → 고기에 달걀흰자, 전분 입히기 → 고기 초벌 익히기 → 채소볶기 → 완성하기

요리명 : 고추잡채(青椒肉絲)

완성사진

실습일 : 월 일

나의 레시피

조리 TIP

조리 시 느낀점

12 채소볶음(炒蔬菜)

시험시간 25분

[요구사항]

※ 주어진 재료를 사용하여 채소볶음을 만드시오.

1. 모든 채소는 길이 4cm의 편으로 써시오.
2. 대파, 마늘, 생강을 제외한 모든 채소는 끓는 물에 살짝 데쳐서 사용하시오.

[조미료]

식용유	45ml	청주	5ml
소금(정제염)	5g	참기름	5ml
진간장	5ml	흰후춧가루	2g

[지급재료]

[주재료]

- 죽순[통조림(whole), 고형분] ······ 30g
- 건표고버섯(지름 5cm, 물에 불린 것) ······ 2개
- 양송이[통조림(whole), 양송이 큰 것] ······ 2개
- 당근(길이로 썰어서) ······ 50g
- 청경채 ······ 1개
- 샐러리 ······ 30g
- 청피망(중, 75g) ··· 1/3개

[부재료]

- 대파(흰부분, 6cm) ······ 1토막
- 녹말가루(감자전분) ······ 20g
- 생강 ······ 5g
- 마늘(중, 깐 것) ····· 1쪽

[재료손질 전]

[재료손질 후]

[만드는 방법]

① 냄비에 채소 데칠 물 올린다.
② 당근, 청피망, 청경채, 표고버섯 4cm 정도 편으로 썬다.
③ 샐러리는 섬유질 제거하고 4cm 편으로 썬다. 죽순은 결을 살려서 4cm 편 썰고 양송이는 모양대로 편 썬다.
④ 마늘, 생강, 대파 편으로 썬다.
⑤ 물이 끓으면 소금 넣고 대파, 생강, 마늘 제외한 전 재료 데쳐낸다.
⑥ 전분 1T, 물 2T 섞어 물 녹말 만든다.
⑦ 예열된 팬에 식용유 1T 두르고 대파, 마늘, 생강 볶아 향을 낸 다음 진간장, 청주 1t로 간한다.
⑧ ⑤의 데쳐 놓은 채소 넣어 볶고 소금 1/2t, 흰 후춧가루 간하고 물 1/2C 정도 붓고 끓인다.
⑨ ⑧번 끓어 오르면 물 녹말 풀어 농도 조절하고 참기름 둘러 담아낸다.

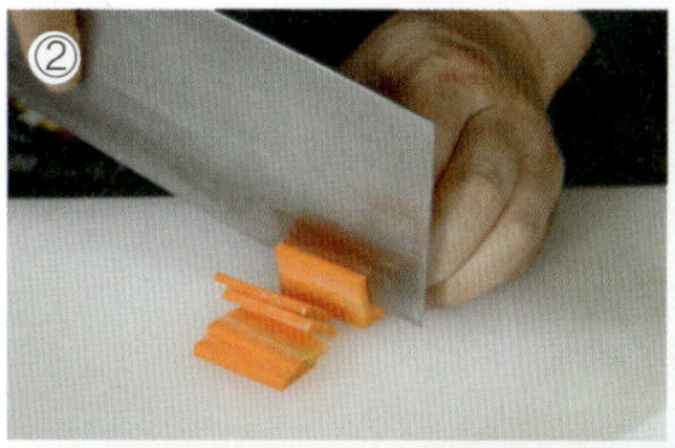

Tips

- 채소는 살짝 데쳐야 한다.
- 물 전분은 뭉쳐지지 않게 조금씩 풀어야 한다.

순서요약

냄비에 물 올리기 → 데칠 재료 썰기 → 대파, 생강, 마늘썰기 → 채소 데치기 → 물 전분 만들기 → 볶아 끓이기 → 물 녹말로 농도조절 → 완성하기

요리명 : 채소볶음(炒蔬菜)

완성사진

실습일 :　　　월　　일

나의 레시피

조리 TIP

조리 시 느낀점

13 라조기(辣子鷄)

시험시간 30분

[요구사항]

※ 주어진 재료를 사용하여 다음과 같이 라조기를 만드시오.

1. 닭은 뼈를 발라낸 후 5cm × 1cm의 길이로 써시오.
2. 채소는 5cm × 2cm의 길이로 써시오.

[지급재료]

[주재료]

닭다리 ··· 1개

[부재료]

죽순[통조림(whole), 고형분] ··· 50g

건표고버섯(지름 5cm, 물에 불린 것) ··· 1개

녹말가루(감자전분) ··· 100g

양송이[통조림(whole), 양송이 큰 것] ··· 1개

대파(흰부분, 6cm) ··· 2토막

청피망(중, 75g) ··· 1/3개

생강 ··· 5g

홍고추(건) ··· 1개

마늘(중, 깐 것) ··· 1쪽

청경채 ··· 1포기

달걀 ··· 1개

[조미료]

진간장 ··· 30mL

청주 ··· 15mL

고추기름 ··· 10mL

식용유 ··· 900mL

소금(정제염) ··· 5g

검은후춧가루 ··· 1g

[재료손질 전]

[재료손질 후]

[만드는 방법]

① 냄비에 채소 데칠 물 올린다.

② 죽순은 빗살 무늬 살려서 5cm × 2cm의 길이로 편 썰고 양송이도 편으로 썰어 끓는 물에 데친다.

③ 튀김팬에 예열해 둔다.

④ 닭고기 뼈를 발라 5cm × 1cm 길이로 썰어 진간장 1t, 소금 1/2t, 청주 1t, 검은 후춧가루로 밑간한다.

⑤ 마늘, 생강 편으로 썰고 청경채, 청피망, 표고버섯, 대파는 5cm × 2cm의 길이로 썬다.

⑥ 달걀 2T, 전분 3T, 물 1T 잘 섞어 밑간한 닭고기에 버무려 170℃ 정도 식용유에 두 번 바삭하게 튀겨낸다.

⑦ 물 1T, 전분 2T 섞어 물 녹말 만들어 두고 팬에 고추기름 1T 두르고 건 홍고추, 대파, 마늘, 생강 볶아 향을 낸 다음 진간장 1T, 청주 2/3T로 간한다.

⑧ ⑦에 표고버섯, 죽순, 양송이, 피망, 청경채 순으로 넣어 볶고 물 1C 부어 끓인다.

⑨ ⑧에 소금 1/2t, 검은 후춧가루 넣고 물 녹말로 농도 맞추고 튀긴 닭 넣어 버무려 완성 접시에 담아낸다.

Tips

- 고추기름 사용하고 참기름 사용하지 않는다.
- 건 고추 타지 않게 유의한다.

순서요약

물 끓여 죽순, 양송이 데치기 → 기름 예열하기 → 닭 손질하기 → 채소 썰기 → 닭튀기기 → 채소볶기 → 소스 만들어 버무리기

요리명 : 라조기(辣子鷄)

완성사진

실습일 : 월 일

나의 레시피

조리 TIP

조리 시 느낀점

14 부추잡채(韭菜肉丝)

[요구사항]

※ 주어진 재료를 사용하여 다음과 같이 부추잡채를 만드시오.

1. 부추는 6cm 길이로 써시오.
2. 고기는 0.3 × 6cm 길이로 써시오.
3. 고기는 간을 하여 기름에 익혀 사용하시오.

[지급재료]

[주재료]

부추(중국부추) ········ 120g

돼지등심(살코기) ········ 50g

[부재료]

달걀 ········ 1개

녹말가루(감자전분) ········ 30g

[조미료]

청주 ········ 15ml

소금(정제염) ········ 5g

참기름 ········ 5ml

식용유 ········ 100ml

[재료손질 전]

[재료손질 후]

[만드는 방법]

① 돼기고기는 핏물 제거하고 0.3cm × 6cm 길이의 결대로 채 썰어 소금 1/4t, 청주 1t로 초벌 간한다.

② 부추는 6cm 길이로 썰어 줄기와 잎 부분을 따로 둔다.

③ 초벌 간한 고기에 달걀흰자 1/2T, 녹말 1/2t 넣어 버무린다.

④ 후라이팬에 식용유 4T 넣고 60℃ 정도에 고기 넣어 풀어가면서 부드럽게 익혀 체에 밭쳐 기름 빼준다.

⑤ ④의 고기에서 밭쳤던 기름 프라이팬에 두르고 부추 줄기 먼저 볶다가 잎 부분 넣고 소금 1/2t 넣어 볶는다.

⑥ ④의 익혀둔 고기 넣어 볶고 부추가 숨이 살짝 죽으면 참기름 둘러 접시에 담아낸다.

Tips

• 부추 잎 부분은 너무 오래 볶지 않아야 한다.

순서요약

고기 초벌 간 하기 → 부추 썰기 → 고기에 달걀, 전분 섞어 익히기 → 볶기

요리명 : 부추잡채(韭菜肉丝)

완성사진

실습일 :　　　월　　일

나의 레시피

조리 TIP

조리 시 느낀점

15 경장육사(京醬肉絲)

시험시간 30분

[요구사항]

※ 주어진 재료를 사용하여 기름에 익혀 사용하시오.

1. 돼지고기는 길이 5cm의 얇은 채로 썰고, 간을 하여 기름에 익혀 사용하시오.
2. 춘장은 기름에 볶아서 사용하시오.
3. 대파 채는 길이 5cm로 어슷하게 채 썰어 매운맛을 빼고 접시에 담으시오.

[지급재료]

[주재료]

- 돼지등심(살코기) ······ 150g

[부재료]

- 대파(흰부분, 6cm) ······ 3토막
- 죽순[통조림(whole), 고형분] ······ 100g
- 녹말가루(감자전분) ······ 50g
- 춘장 ······ 50g
- 마늘(중, 깐 것) ······ 1쪽
- 달걀 ······ 1개
- 생강 ······ 5g

[조미료]

- 굴소스 ······ 30mL
- 참기름 ······ 5mL
- 청주 ······ 30mL
- 식용유 ······ 300mL
- 진간장 ······ 30mL
- 흰설탕 ······ 30g

[재료손질 전]

[재료손질 후]

[만드는 방법]

① 냄비에 물 올리고 물이 끓으면 죽순 데쳐 채 썬다.

② 마늘과 생강은 모양대로 채 썬다. 대파는 속대 제거하고 5cm로 곱게 어슷채 썰어 찬물에 담가둔다.

③ 돼지고기는 길이 5cm의 얇은 채로 썰어 진간장 1t, 청주 1t로 밑간하고 달걀흰자 1T, 전분 1T 넣어 버무린다.

④ 후라이팬에 식용유 4T 넣고 60℃정도에 고기 넣어 풀어가면서 부드럽게 익혀 체에 밭쳐 기름 빼준다.

⑤ 녹말 1T에 물 2T 섞어 물 녹말 만들고 ④에 밭쳐둔 식용유와 춘장 넣어 저어가며 부드럽게 볶아준다.

⑥ 팬에 식용유 두르고 파, 마늘, 생강 볶아 향을 낸 다음 진간장, 청주 넣는다.

⑦ 죽순 넣고 볶다가 ④의 돼지고기, 춘장 1T, 굴 소스 1T, 설탕 1T, 물 3T 넣고 끓여 물 녹말로 농도 맞춘 후 참기름 넣어 버무린다.

⑧ 물에 담가둔 파채 물기 제거한 후 동그랗게 접시에 깔고 그 위에 볶은 짜장 고기 올려 담아낸다.

Tips

- 대파는 어슷하게 채 썰어야 식감이 부드럽다.
- 대파 완성 접시에 담을 때 중간은 얇게 펼쳐 담아야 대파의 양이 풍성해 보인다.

순서요약

냄비에 물 끓여 죽순 데치기 → 대파 채 썰어 찬물에 담그기 → 돼지고기 초벌익히기(화하기) → 춘장 볶기 → 돼지고기 춘장으로 볶기 → 대파 위에 볶은 고기 올려 완성하기

요리명 : 경장육사(京醬肉絲)

완성사진

실습일 : 월 일

나의 레시피

조리 TIP

조리 시 느낀점

16 유니짜장면(肉泥炸醬)

시험시간 30분

[요구사항]

※ 주어진 재료를 사용하여 다음과 같이 유니짜장면을 만드시오.

1. 춘장은 기름에 볶아서 사용하시오.
2. 양파, 호박은 0.5cm × 0.5cm 크기의 네모꼴로 써시오.
3. 중식면은 끓는 물에 삶아 찬물에 헹군 후 데쳐 사용하시오.
4. 삶은 면에 짜장소스를 부어 오이채를 올려내시오.

[지급재료]

[주재료]

- 돼지등심(다진 살코기) ······ 50g
- 중식면(생면) ······ 150g

[부재료]

- 오이(가늘고 곧은 것, 길이 20c) ······ 1/4개
- 녹말가루(감자전분) ······ 50g
- 양파(중, 150g) ······ 1개
- 생강 ······ 10g
- 호박(애호박) ······ 50g
- 춘장 ······ 50g

[조미료]

- 진간장 ······ 50mL
- 참기름 ······ 10mL
- 청주 ······ 50mL
- 소금 ······ 10g
- 흰설탕 ······ 20g
- 식용유 ······ 100mL

[재료손질 전]

[재료손질 후]

[만드는 방법]

① 냄비에 중식면 삶을 물 올린다.
② 오이는 5cm 길이로 어슷하게 채 썬다.
③ 생강 다지고, 양파, 호박은 0.5cm × 0.5cm 크기의 네모꼴로 썰고 돼지고기는 핏물제거하고 한 번 더 다져서 준비한다.
④ 물이 끓으면 소금 넣고 중식면 삶아 찬물에 헹구고 면 삶았던 물은 그대로 둔다.
⑤ 녹말가루 1T, 물 2T를 섞어 물 녹말 만든다.
⑥ 식용유 3T, 춘장 넣어 저어가며 덩어리지지 않게 부드럽게 볶아준다.
⑦ 팬에 식용유 2T 두르고 생강 볶아 향을 낸 다음 진간장, 청주 넣고 돼지고기 볶아 돼지고기 익으면 양파, 호박 볶는다.
⑧ ⑦에 춘장 1T, 물 1/2C, 설탕 1T 넣고 물 녹말로 농도를 맞춘 후 참기름 둘러 짜장 소스 완성한다.
⑨ 삶은 면 뜨거운 물에 다시 데워 그릇에 담고 짜장소스 얹고 오이채 올려 완성한다.

Tips

- 면은 중간에 심이 보이지 않도록 삶는다.
- 중간에 찬물 2~3회 부어가면서 삶는다.
- 삶아 놓은 면은 면기에 담기 전 반드시 뜨거운 물에 데워야 한다.

순서요약

중식면 삶을 물 올리기 → 채소 썰기 → 중화면 삶아 헹구기 → 춘장 볶기 → 짜장소스 만들기 → 면 다시 데우기 → 짜장소스 얹어 완성하기

요리명 : 유니짜장면(肉泥炸醬)

완성사진

실습일 : 월 일

나의 레시피

조리 TIP

조리 시 느낀점

17 울면(溫滷麵)

시험시간 30분

[요구사항]

※ 주어진 재료를 사용하여 다음과 같이 울면을 만드시오.

1. 오징어, 대파, 양파, 당근, 배추잎은 6cm 길이로 채를 써시오.
2. 중식면은 끓는 물에 삶아 찬물에 헹군 후 데쳐 사용하시오.
3. 소스는 농도를 잘 맞춘 다음, 달걀을 풀 때 덩어리지지 않게 하시오.

[지급재료]

[주재료]

재료	분량
중식면(생면)	150g

[부재료]

재료	분량	재료	분량
양파(중, 150g)	1/4개		
대파(흰부분, 6cm)	1토막		
마늘(중, 깐 것)	3쪽		
당근(길이 6cm)	20g		
녹말가루(감자전분)	20g		
오징어(몸통)	50g	배추잎(1/2잎)	20g
작은새우살	20g	건목이버섯	1개
조선부추	10g	달걀	1개

[조미료]

재료	분량	재료	분량
진간장	5mL	소금	5g
청주	30mL	흰후춧가루	3g
참기름	5mL		

[재료손질 전]

[재료손질 후]

[만드는 방법]

① 냄비에 중식면 삶을 물 올리고 따뜻한 물에 목이버섯 불린다.

② 물이 끓으면 소금 넣고 중식면 삶아 찬물에 헹구고 면 삶았던 물은 그대로 둔다.

③ 마늘 채 썰고 대파, 양파, 당근, 배추잎은 6cm 정도 길이로 채 썬다. 목이버섯은 손으로 뜯는다.

④ 부추는 6cm 정도 길이로 썬다.

⑤ 새우는 내장을 제거하고 오징어는 껍질 벗겨 6cm 정도 종횡으로 채 썬다.

⑥ 달걀 풀어 달걀 물 만들고 녹말 2T, 물 6T 섞어 물 녹말 만든다.

⑦ 냄비에 물을 $2\frac{1}{2}$C 넣고 끓으면 마늘, 대파, 진간장 1t, 청주 1T 넣고 오징어, 새우살, 당근, 양파, 배추, 목이버섯, 소금 1t, 흰후춧가루 넣어 끓으면 거품 제거한다.

⑧ ⑦에 물 녹말로 농도 맞추고 부추 넣고 달걀 물 덩어리지지 않게 풀고 참기름 두른다.

⑨ ②의 삶은 면은 뜨거운 물에 데워 면기에 담고 ⑧번 소스 부어낸다.

Tips

- 면은 중간에 심이 보이지 않도록 삶는다.
- 중간에 찬물 2~3회 부어가며 삶는다.
- 삶아 놓은 면은 면기에 담기 전 반드시 뜨거운 물에 데워야 한다.
- 끓으면 거품 제거해야 국물이 맑다.

순서요약

물 올리기 → 중화면 삶아 헹구기 → 재료 썰기 → 달걀물 만들기→ 소스 만들기 → 면 다시 데우기 → 소스 부어 완성하기

요리명 : 울면(溫滷麵)

완성사진

실습일 : 월 일

나의 레시피

조리 TIP

조리 시 느낀점

18 새우볶음밥(蝦仁炒飯)

시험시간 30분

[요구사항]

※ 주어진 재료를 사용하여 다음과 같이 새우볶음밥을 만드시오.

1. 새우는 내장을 제거하고 데쳐서 사용하시오.
2. 채소는 0.5cm 크기의 주사위 모양으로 써시오.
3. 부드럽게 볶은 달걀에 밥, 채소, 새우를 넣어 질지 않게 볶아 전량 제출하시오.

[지급재료]

[주재료]

- 쌀(30분 정도 물에 불린 쌀) ······ 150g
- 작은새우살 ······ 30g

[부재료]

- 달걀 ······ 1개
- 대파(흰부분, 6cm) ······ 1토막
- 당근 ······ 20g
- 청피망(중, 75g) ······ 1/3개

[조미료]

- 식용유 ······ 50mL
- 소금 ······ 5g
- 흰후춧가루 ······ 5g

[재료손질 전]

[재료손질 후]

[만드는 방법]

① 냄비에 데칠 물 올리고 새우는 내장 제거한 후 물이 끓으면 소금 약간 넣어 데친다.

② 불린 쌀 씻어서 건진 후 물은 동량으로 붓고 고슬하게 밥 지어 접시에 펼쳐 식힌다.

③ 대파, 당근, 청피망은 0.5cm 크기의 주사위 모양으로 썬다.

④ 달걀은 소금 조금 넣고 잘 풀어 예열된 팬에 식용유 두르고 달걀 물 부어 부드럽게 볶아 놓는다.

⑤ 팬에 식용유 두르고 대파, 당근, 청피망 볶다가 식혀 둔 밥 넣고 소금, 흰 후춧가루로 간하고 새우, 달걀 넣어 고루 섞으면서 볶는다.

⑥ 밥공기에 볶음밥 눌러 담은 후 완성 접시에 밥공기 뒤집어 보기 좋게 담아낸다.

Tips

- 달걀 스크램블 너무 익히지 않는다.
- 볶음밥 담을 때 밥공기 바닥에 새우를 먼저 담아 엎으면 보기가 좋다.

순서요약

새우 데치기 → 밥하기 → 재료 썰기 → 달걀 볶기 → 재료 볶기 → 밥공기에 새우 담기 → 볶음밥 눌러담기 → 접시에 뒤집어 완성하기

요리명 : 새우볶음밥(蝦仁炒飯)

완성사진

실습일 : 월 일

나의 레시피

조리 TIP

조리 시 느낀점

19 빠스옥수수(拔絲玉米)

시험시간 25분

[요구사항]

※ 주어진 재료를 사용하여 빠스옥수수를 만드시오.

1. 완자의 크기를 지름 3cm 공 모양으로 하시오.
2. 땅콩은 다져 옥수수와 함께 버무려 사용하시오.
3. 설탕시럽은 타지 않게 만드시오.
4. 빠스옥수수는 6개 만드시오.

[지급재료]

[주재료]

옥수수(통조림, 고형분) ······ 120g

[부재료]

땅콩 ······ 7알

밀가루(중력분) ······ 80g

달걀 ······ 1개

[조미료]

흰설탕 ······ 50g

식용유 ······ 500mL

[재료손질 전]

[재료손질 후]

[만드는 방법]

① 튀김팬에 식용유 예열해 둔다.

② 옥수수는 체에 밭쳐 물기 제거하고 다진다.

③ 땅콩 껍질제거하고 칼 옆으로 한 번 으깨어 굵게 다진다.

④ 다진 옥수수에 달걀 노른자 넣어 섞어준 다음 밀가루 3T, 다진 땅콩 넣어 반죽한다.

⑤ 완자의 크기를 지름 3cm 공 모양으로 6개 이상 만들어 150℃ 정도 식용유에 노릇하게 튀긴다.

⑥ 예열된 팬에 설탕 3T 식용유 1T 넣어 연한 갈색 나도록 녹여 시럽 만든다.

⑦ 시럽에 튀긴 옥수수 완자 넣어 버무린다.

⑧ 식용유로 코팅한 접시에 빠스 옥수수 완자 펼쳐 식힌 후 완성 접시에 담아 제출한다.

Tips

- 달걀 노른자는 전부 사용한다.
- 옥수수완자는 작은 계량스푼으로 뜨면 3cm 정도 된다.
- 시럽에 실이 생길 때까지 팬에서 잘 굴린다.

순서요약

기름 올리기 → 옥수수 수분제거하고 다지기 → 땅콩 다지기 → 반죽하기 → 완자 만들어 튀기기 → 시럽 만들어 굴리기 → 식용유 코팅한 접시에 식히기 → 완성 접시에 담기

요리명 : 빠스옥수수(拔絲玉米)

완성사진

실습일 : 월 일

나의 레시피

조리 TIP

조리 시 느낀점

20 빠스고구마(拔絲地瓜)

시험시간 25분

[요구사항]

※ 주어진 재료를 사용하여 다음과 같이 빠스고구마를 만드시오.

1. 고구마는 껍질을 벗기고 먼저 길게 4등분을 내고, 다시 4cm 길이의 다각형으로 돌려 썰기 하시오.
2. 튀김이 바삭하게 되도록 하시오.

[지급재료]

[주재료]

고구마(300g) ······ 1개

[부재료]

흰설탕 ······ 100g

식용유 ······ 1000mL

[재료손질 전]

[재료손질 후]

[만드는 방법]

① 튀김팬에 식용유 예열해 둔다.

② 고구마는 껍질 벗기고 길게 4등분을 내고 다시 4cm 길이의 다각형으로 돌려 썰기 한다.

③ 돌려 썰기 한 고구마 물에 담가 전분기 제거하고 물기 빼 둔다.

④ 물기 제거한 고구마 160℃ 정도 식용유에 넣어 노릇하게 튀겨낸다.

⑤ 예열된 팬에 설탕 5T, 식용유 1T 넣어 연한 갈색 나도록 녹여 시럽 만든다.

⑥ ⑤의 시럽에 튀긴 고구마 넣어 버무린다. 식용유로 코팅한 접시에 빠스고구마 펼쳐 식힌 후 완성접시에 담아낸다.

Tips

- 고구마는 썰어 물에 담가야 색깔이 변하지 않고 전분도 제거된다.
- 고구마 얇은 부분이 노릇해지면 불 끄고 완전히 익힌다.
- 시럽에 실이 생길 때까지 팬에서 잘 굴린다.

순서요약

기름 올리기 → 고구마 손질 → 고구마 물에 담그기 → 수분제거 → 튀기기 → 시럽만들기 → 버무리기 → 완성접시에 담기

요리명 : 빠스고구마(拔絲地瓜)

완성사진

실습일 : 　　월　　일

나의 레시피

조리 TIP

조리 시 느낀점

제 3 부

중식 조리산업기사

조리산업기사의 수험자 유의사항

1. 조리산업기사로서 갖추어야 할 숙련도, 재료관리, 작품의 예술성을 나타내어야 합니다.
2. 지정된 시설을 사용하고, 지급재료 및 지참공구목록 이외의 조리기구는 사용할 수 없으며, 지참공구목록에 없는 단순 조리기구(수저통 등) 지참 시 시험위원에게 확인 후 사용합니다.
3. 지급재료는 1회에 한하여 지급되며 재지급은 하지 않습니다.
   (단, 수험자가 시험 시작 전 지급된 재료를 검수하여 재료가 불량하거나 양이 부족하다고 판단될 경우에는 즉시 시험위원에게 통보하여 교환 또는 추가지급을 받도록 합니다.)
4. 요구사항의 규격은"정도"의 의미를 포함하며, 지급된 재료의 크기에 따라 가감하여 채점됩니다.
5. 위생복, 위생모, 앞치마, 마스크를 착용하여야 하며, 시험장비, 가스레인지(가스밸브 개폐기 사용), 조리도구 등을 사용할 때에는 안전사고 예방에 유의합니다.
6. 다음 사항은 실격에 해당하여 채점 대상에서 제외됩니다.
   ① 수험자 본인이 시험 도중 시험에 대한 포기 의사를 표현하는 경우
   ② 위생복, 위생모, 앞치마, 마스크를 착용하지 않은 경우
   ③ 시험시간 내에 과제를 모두 제출하지 못한 경우
   ④ 문제의 요구사항대로 과제의 수량이 만들어지지 않은 경우
   ⑤ 완성품을 요구사항의 과제(요리)가 아닌 다른 요리(예, 달걀말이→달걀찜)로 만들었거나, 요구사항에 없는 과제(요리)를 추가하여 만든 경우
   ⑥ 불을 사용하여 만든 과제가 과제특성에 벗어나는 정도로 타거나 익지 않은 경우
   ⑦ 요구사항의 조리기구(석쇠 등)를 사용하여 완성품을 조리하지 않은 경우
   ⑧ 수험자지참준비물 이외 조리기술에 영향을 줄 수 있는 기구를 사용한 경우
   ⑨ 시험 중 시설 · 장비(칼, 가스레인지 등) 사용 시 시험위원 및 타수험자의 시험 진행에 위해를 일으킬 것으로 시험위원 전원이 합의하여 판단한 경우
   ⑩ 요구사항에 표시된 실격 및 부정행위에 해당하는 경우
7. 완료된 과제는 지정한 장소에 시험시간 내에 제출하여야 합니다.
8. 가스레인지 화구는 2개까지 사용 가능합니다.
9. 과제를 제출한 다음 본인이 조리한 장소의 주변을 깨끗이 청소하고 조리기구를 정리 정돈한 후 시험위원의 지시에 따라 퇴실합니다.
10. 시험시작 전 가벼운 몸 풀기(스트레칭) 동작으로 긴장을 풀고 시험을 시작합니다.

01 삼품냉채(三品冷菜)

[요구사항]

1. 새우는 편으로 썰고, 해파리에 염분이 없도록 하시오.
2. 겨자소스와 마늘소소를 만들어 사용하시오.
3. 당근으로 꽃 모양을 만들어 장식하시오.

[지급재료]

[주재료]

중새우(50g) ······· 4마리　　해파리 ··············· 100g

송화단 ··············· 1개

[부재료]

파슬리(잎, 줄기 포함) ································ 10g

오이 ················· 1개　　대파(4cm) ········· 1토막

당근 ················· 80g　　마늘 ················· 3쪽

겨자가루 ············ 30g　　생강 ················· 50g

[조미료]

진간장 ········· 5mL　　흰설탕 ··········· 15g

참기름 ········· 5mL　　식초 ··········· 30mL

[재료손질 전]

[재료손질 후]

[만드는 방법]

① 냄비에 물을 올리고 볼에 겨자 1T, 미지근한 물 1T 개어 냄비 뚜껑에 엎거나 비닐 팩에 넣어 따뜻한 냄비 옆에 두고 숙성시킨다.

② 해파리는 여러 번 주물러 씻어 찬물에 담가 염분 제거한다. 60℃ 정도의 물에 염분 제거한 해파리 살짝 데친다. 데친 해파리 깨끗하게 씻어 식초 물(물 1C+식초 1T)에 담가둔다. 마늘은 다진다.

③ 송화단은 뚜껑을 열고 20분간 삶는다.

④ 중새우는 내장을 빼고 끓는 물에 대파, 생강 넣고 삶아 그릇에 담아 식힌다.

⑤ 오이 2/3는 채 썰고, 1/3은 편으로 썬다.

⑥ 당근으로 꽃 모양 만들어 파슬리와 물에 담가둔다.

⑦ 발효된 겨자에 설탕, 식초, 진간장 섞어 겨자 소스 만들고 다진 마늘, 설탕, 식초, 물 섞어 마늘 소스 만든다.

⑧ 해파리는 물기 제거하고 오이채와 잘 버무려 접시 한쪽 면에 놓는다.

⑨ 송화단은 8등분으로 썰어 해파리 옆에 펼쳐 돌려 담는다.

⑩ 삶은 중 새우는 껍질 벗기고 반으로 갈라 편으로 썬 오이와 한 겹씩 겹쳐 접시 한 면에 펼쳐 돌려 담는다.

⑪ 파슬리와 당근꽃으로 접시 중앙에 장식한다.

⑫ 겨자 소스는 새우 위에, 마늘 소스는 해파리 위에 잘 끼얹어 낸다.

Tips

- 해파리는 데쳐서 식기 전에 불순물 제거한다.
- 겨자 소스는 양장피 참고
- 마늘 소스는 해파리냉채 참고

순서요약

데칠 물 올리고 겨자 발효하기 → 해파리 데쳐 불리기 → 송화단, 새우 삶기 → 당근 꽃 만들기 → 송화단, 새우 자르기 → 냉채 만들어 접시에 담기 → 소스 올려 완성하기

요리명 : 삼품냉채(三品冷菜)

완성사진

실습일 : 월 일

나의 레시피

조리 TIP

조리 시 느낀점

02 광동식 탕수육(古老肉)

[요구사항]

1. 돼지고기는 칼집을 넣어 부드럽게 하시오.
2. 돼지고기는 3cm × 3cm × 1cm정도의 크기로 썰어 사용하시오.
3. 채소는 한쪽 길이가 3cm 정도가 되도록 삼각모양으로 썰어 사용하시오.

[지급재료]

[주재료]

- 돼지고기(등심) ······ 200g

[부재료]

- 녹말가루(감자전분) ······ 100g
- 파인애플(캔, 통조림) ······ 1개
- 청피망(중, 75g 정도) ······ 1/2개
- 양파(중, 150g) ··· 1/4개
- 생강 ······ 5g
- 완두콩(캔, 통조림) · 10g
- 달걀 ······ 1개

[조미료]

- 진간장 ······ 15mL
- 흰설탕 ······ 30g
- 식용유 ······ 800mL
- 청주 ······ 15mL
- 식초 ······ 15mL
- 토마토케찹 ····· 80g

[재료손질 전]

[재료손질 후]

[만드는 방법]

① 냄비에 데칠 물 올린다.

② 물이 끓으면 완두콩 데치고 튀김 식용유 예열 해둔다.

③ 돼지고기는 격자로 칼집 넣어 3cm × 3cm × 1cm 정도의 길이로 썰어 진간장, 청주로 밑간한다.

④ 양파, 청피망, 파인애플은 한쪽 길이가 3cm 정도가 되도록 삼각 모양으로 썰고 생강은 다진다.

⑤ ③의 초벌 간 해둔 돼지고기에 달걀 물 2T 넣어 버무리고 마른 녹말 3T 넣어 튀김옷 입혀 170℃ 정도 기름에 두 번 바삭하게 튀겨낸다.

⑥ 녹말가루 1T, 물 2T 섞어 물 녹말 만든다. 토마토케첩 3T, 설탕 2T, 식초 1T, 물 1C 섞어 탕수 소스 만든다.

⑦ 예열된 팬에 식용유 1T를 두르고 생강 볶아 향을 낸 다음 진간장 1t, 청주 1t로 간하고 채소 넣어 볶는다.

⑧ ⑦에 만들어 놓은 탕수 소스 붓고 끓으면 물 녹말로 농도 맞추고 소스 완성한다.

⑨ ⑤의 튀겨 놓은 돼지고기와 소스 버무려 완성 접시에 담아낸다.

Tips

- 잔 칼집은 살짝 넣어야 부서지지 않는다.
- 튀김 반죽을 먼저 만든 후 고기를 혼합해서 튀기는 것이 덜 부서진다.

순서요약

물 끓여 완두콩 데치기 → 고기 손질해 밑간하기 → 채소 썰기 → 소스 만들기 → 튀김 반죽하여 튀기기 → 채소 볶아 소스 완성하기 → 튀김 버무려 접시에 담아내기

요리명 : 광동식 탕수육(古老肉)

완성사진

실습일 : 월 일

나의 레시피

조리 TIP

조리 시 느낀점

03 물만두(水餃子)

[요구사항]

1. 만두피는 찬물로 반죽 하시오.
2. 만두피의 크기는 직경 6cm 정도로 하시오.
3. 만두는 8개 만드시오.

[지급재료]

[주재료]

밀가루(중력분)	100g	돼지고기(등심)	50g

[부재료]

부추	30g	생강	5g
대파(6cm)	1토막		

[조미료]

소금	10g	참기름	5mL
진간장	10mL	검은후춧가루	3g
청주	5mL		

[재료손질 전]

[재료손질 후]

[만드는 방법]

① 밀가루는 찬물에 소금 1/3t 넣고 반죽해 젖은 면포로 덮거나 비닐팩에 넣어 숙성한다.
② 부추는 0.5cm 길이로 송송 썰고 대파, 생강, 돼지고기는 곱게 다진다.
③ 다진 돼지고기에 진간장, 청주, 소금, 후춧가루, 참기름, 다진 생강, 대파 넣어 잘 치대어 준다.
④ ③에 송송 썬 부추 넣어 섞어준다.
⑤ 밀가루 반죽 다시 잘 치대어서 가래떡처럼 길게 늘여 떼어서 둥글고 얇게 직경 6cm 정도의 만두피를 만든다.
⑥ 만두피 안에 소를 적당히 떠놓고 반으로 접어 꾹 눌러 붙인다.
⑦ 양손 엄지로 눌러 가운데가 볼록한 삼각형이 되도록 빚는다.
⑧ 끓는 물에 만두 넣고 삶아 끓어오르면 찬물 조금씩 끼얹어 주고, 완전히 익어 떠오르면 건져내어 찬물에 담갔다가 접시에 담고 국물 자작하게 부어낸다.

Tips

- 반죽은 오래 숙성할수록 반죽이 부드러워서 만두 빚기가 편하다.

순서요약

밀가루 반죽하기 → 재료다지기 → 만두소 만들기 → 만두 빚기 → 만두 삶아 담아내기

요리명 : 물만두(水餃子)

완성사진

실습일 :　　월　　일

나의 레시피

조리 TIP

조리 시 느낀점

04 산라탕(酸辣湯)

[요구사항]

1. 재료는 길이 5cm 정도의 가는 채로 썰어 사용하시오.
2. 산라탕의 맛과 농도를 잘 맞추시오.

[조미료]

진간장 ··············· 5mL
고추기름 ·········· 20mL
청주 ··············· 10mL
참기름 ··············· 5mL
소금 ··················· 5g
검은후춧가루 ········· 3g
식초 ··············· 20mL

[지급재료]

[주재료]

두부(길이 5cm이상) ································ 80g
소고기(살코기) ······ 40g
불린해삼 ············· 40g
새우살 ··············· 50g

[부재료]

죽순 (통조림, whole) ································ 50g
생표고버섯 ·········· 1개
생강 ···················· 5g
달걀 ···················· 1개
대파(10cm) ········ 1토막
팽이버섯 ············ 50g
전분(감자전분) ······ 20g

[재료손질 전]

[재료손질 후]

[만드는 방법]

① 냄비에 데칠 물 올린다.

② 표고버섯, 죽순, 해삼, 소고기, 대파는 길이 5cm 정도의 가는 채로 썬다. 두부는 0.3cm × 5cm 길이로 썬다. 생강은 다져서 준비한다.

③ 두부, 팽이버섯, 생강 제외한 새우살과 전 재료 끓는 물에 데쳐낸다.

④ 물 6T, 녹말 2T 섞어 녹말 물 만든다. 달걀 곱게 풀어 달걀 물 만든다.

⑤ 냄비에 육수 2½C 붓고 진간장 1T, 청주 1/2T, 생강 넣어 끓인다. 두부와 팽이버섯을 제외한 재료 넣고 끓으면 두부와 팽이버섯 넣고 조미료로 간한다.

⑥ 탕이 끓으면 물 녹말로 농도를 맞춘 다음 중 불에서 달걀 물 뭉치지 않게 풀고 참기름을 둘러준다.

⑦ 완성 그릇에 담고 고추기름 1/3 t 둘러 낸다.

①

②

③

④

⑤

⑥

⑦

Tips

- 제출 전에 고추기름 둘러낸다.
- 녹말과 물의 농도 1:3이면 탕의 농도 맞추기가 쉽다.

순서요약

데칠 물 올리기 → 재료 썰기 → 데치는 재료 데쳐 놓기 → 녹말 물, 달걀 물 만들기 → 탕 끓이고 농도 맞추고 달걀 물 풀어 완성하기 → 고추기름 둘러서 내기

요리명 : 산라탕(酸辣湯)

완성사진

실습일 : 월 일

나의 레시피

조리 TIP

조리 시 느낀점

05 양장피잡채(炒肉兩張皮)

[요구사항]

1. 양장피는 사방 4cm 정도로 하시오.
2. 고기와 채소는 5cm 정도 길이의 채를 써시오.
3. 볶은 재료와 볶지 않는 재료의 구분에 유의하여 담아 내시오.
4. 겨자는 숙성시켜 사용하시오.

[조미료]

진간장	5mL	흰설탕	30g
참기름	5mL	식용유	20mL
겨자	10g	소금	3g
식초	50mL		

[지급재료]

[주재료]

양장피 ······ 1/2장

[부재료]

당근(길이로 잘라서) ······ 50g

돼지고기등심(살코기) ······ 50g

갑오징어살(몸살, 오징어대체가능) ······ 50g

오이	1/3개	새우살	50g
양파	1/2개	불린해삼	60g
부추	30g	달걀	1개
건목이버섯	1개		

[재료손질 전]

[재료손질 후]

[만드는 방법]

① 냄비에 물 올리고 볼에 겨자가루 1T, 미지근한 물 1T 개어 냄비 뚜껑에 엎거나 비닐팩에 넣어 따뜻한 냄비 옆에 두고 숙성한다.
② 양장피, 건 목이버섯은 미지근한 물에 각각 불린다.
③ 당근은 편으로 썰어 끓는 물에 데치고 새우는 내장 제거하여 데치고 해삼도 데친다.
④ 오징어는 껍질 벗기고 내장 쪽에 칼집 넣어 데친다.
⑤ 불린 양장피 사방 4cm로 썰어 끓는 물에 데쳐 찬물에 헹궈 참기름으로 버무려 놓는다.
⑥ 달걀 곱게 풀어 지단 부친다.
⑦ 데친 당근, 해삼, 칼집 넣은 오징어는 5cm 길이로 채 썰어 색깔이 겹치지 않도록 완성 접시에 돌려 담는다. 새우는 모양대로 담는다.
⑧ 달걀 지단과 오이도 5cm 길이로 채를 썰어 완성 접시에 담는다.
⑨ 양파 5cm 길이로 채 썰고, 부추는 줄기 부분과 잎 부분 나누어 5cm 길이로 썰고 목이버섯은 손으로 뜯는다.
⑩ 돼지고기는 핏물 제거하고 5cm 길이로 채 썬다.
⑪ 발효한 겨자에 설탕 1T 먼저 갠 다음 식초 1T, 소금 1/2t, 물 1T, 참기름 넣어 겨자소스 만든다.
⑫ 데친 재료 돌려 담은 접시 중앙에 ⑤의 양장피 펼쳐 담아 놓는다.
⑬ 팬에 식용유 두르고 돼지고기 볶다가 진간장 1t 넣고 양파 → 목이버섯 → 부추 순서로 볶은 후 참기름 넣는다.
⑭ ⑫의 데친 재료 담은 접시 중앙에 볶은 재료 소복하게 담고 겨자 소스 끼얹거나 따로 낸다.

순서요약

냄비에 물 올리기 → 겨자 발효하기 → 돌려 담는 재료 데쳐 썰어 접시에 담기 → 양장피 담기 → 볶는 재료 썰어서 볶아 중앙에 담기

Tips

- 겨자와 설탕 먼저 잘 섞고 나머지 조미료 넣어 풀어 준다.
- 돌려 담는 재료 색깔 겹치지 않게 조화롭게 담는다.

요리명 : 양장피잡채(炒肉兩張皮)

완성사진

실습일 : 월 일

나의 레시피

조리 TIP

조리 시 느낀점

06 빠스사과(拔絲蘋菓)

[요구사항]

1. 사과는 폭 3cm 정도 크기로 다각형으로 잘라 사용하시오.
2. 빠스사과는 8개 만드시오.

[지급재료]

[주재료]

사과(중) ·· 1개

[부재료]

달걀 ················· 1개　　밀가루(중력분) ······ 50g

[조미료]

식용유 ··········· 900mL　　흰설탕 ··············· 45g

[재료손질 전]

[재료손질 후]

[만드는 방법]

① 냄비에 사과 데칠 물 올린다.

② 사과는 껍질을 벗기고 길게 4등분을 한 다음 씨 부분 제거하고 3cm 길이의 다각형으로 돌려 썰기 한다.

③ 달걀 풀어서 사과에 골고루 버무리고 밀가루에 굴려 끓는 물에 살짝 데쳐낸다.

④ 데친 사과 찬물에 담갔다 물기 제거한다.
※ 밀가루 입혀 데쳐내는 과정 두 번 더 한다. 데친 사과 밀가루 입혀 식혀둔다.

⑤ 식혀둔 사과 170℃ 정도 기름에 넣어 노릇하게 튀겨낸다.

⑥ 예열된 팬에 설탕 3T, 식용유 1T 넣어 연한 갈색이 나도록 녹여 시럽 만든다.

⑦ 시럽에 튀긴 사과 넣어 버무린다.

⑧ 식용유로 코팅한 접시에 빠스사과 펼쳐 식힌 후 완성 접시에 담아낸다.

Tips

- 데친 사과는 식혀서 튀겨야 바삭하다.
- 팬에서 실 뽑을 때까지 식히며 돌려준다.

순서요약

데칠 물 올리기 → 사과 썰기 → 사과 달걀물 입히기 → 밀가루 입혀 데치기 두 번 → 튀기기 → 시럽 만들어 버무리기

요리명 : 빠스사과(拔絲蘋菓)

완성사진

실습일 : 월 일

나의 레시피

조리 TIP

조리 시 느낀점

07 쇼마이(燒賣)

[요구사항]

1. 익반죽으로 하시오.
2. 지름 3cm x 높이 4cm 정도의 크기로 만들고, 쇼마이 중앙에 다진 당근을 올려 8개를 만드시오.
3. 찜통에 속이 익도록 쪄내시오.

[지급재료]

[주재료]

- 돼지고기(등심, 살코기) ······ 50g
- 밀가루(중력분) ······ 150g

[부재료]

- 당근 ······ 20g
- 부추 ······ 30g
- 대파(4cm) ······ 1토막
- 생강 ······ 5g

[조미료]

- 소금 ······ 5g
- 참기름 ······ 5mL
- 청주 ······ 15mL
- 검은후춧가루 ······ 3g
- 진간장 ······ 5mL

[재료손질 전]

[재료손질 후]

[만드는 방법]

① 냄비에 물 끓여 밀가루 익반죽한다. 젖은 면포로 덮어두거나 비닐 팩에 담아 숙성한다.

② 쇼마이 찔 찜통 올린다. 당근은 입자 있게 곱게 다지고 부추 0.5cm 송송 썰고 생강, 대파, 돼지고기 곱게 다진다.

③ 다진 돼지고기에 다진 파, 다진 생강 조미료 넣고 잘 치대고 부추 넣어 쇼마이 소 만든다.

④ 밀가루 반죽 다시 잘 치대어서 가래떡처럼 길게 늘여 떼어서 둥글고 얇게 직경 6cm 정도의 쇼마이 피 만든다.

⑤ 만두피에 소를 넉넉히 넣고, 만두피를 조이듯 오므리면서 주름 잡는다.

⑥ 쇼마이 모양이 만들어지면, 윗부분은 꽃잎처럼 약간 벌어지게 만든다. 다진 당근 올려 김 오른 찜통에 8분 정도 찐다.

Tips

- 당근은 쇼마이 위에 올려 보여지므로 입자가 고르게 다진다.
- 반죽이 약간 된 것이 만들기 편하다.

순서요약

물 끓여 밀가루 익반죽하기 → 찜통 올리기 → 재료 다지기 → 쇼마이 소 만들기 → 피 만들어 쇼마이 만들어 찌기

요리명 : 쇼마이(燒賣)

완성사진

실습일 : 월 일

나의 레시피

조리 TIP

조리 시 느낀점

08 피망돼지고기볶음(青椒肉絲)

[요구사항]

1. 피망과 고기는 5cm 정도의 채로 써시오.
2. 고기는 밑간을 하여 기름에 살짝 익혀 사용하시오.

[지급재료]

[주재료]

돼지고기(등심, 살코기) ··· 100g
청피망(중, 75g) ··· 1개

[부재료]

달걀 ··· 1개
죽순(통조림, whole) ··· 30g
건표고버섯(불린것) ··· 2개
양파 ··· 1/4개
전분(감자전분) ··· 15g

[조미료]

참기름 ··· 5mL
식용유 ··· 45mL
진간장 ··· 15mL
소금 ··· 5g
청주 ··· 5ml

[재료손질 전]

[재료손질 후]

[만드는 방법]

① 냄비에 데칠 물 올린다.

② 돼기고기는 핏물제거하고 0.3cm × 6cm 길이 결대로 채 썰어 진간장 5t, 청주 5t로 초벌 간한다.

③ 물이 끓으면 죽순, 표고 데쳐 포 뜬 후 5cm 길이로 채 썬다.

④ 청피망, 양파 5cm 길이로 채 썬다.

⑤ 초벌 간한 고기에 달걀흰자 1/2T, 녹말가루 1/2T 넣어 버무린다.

⑥ 후라이팬에 식용유 4T 넣고 60℃ 정도에 고기 넣어 풀어가면서 부드럽게 익혀 체에 밭쳐 기름 빼준다.

⑦ 후라이팬에 고기에서 밭쳤던 기름 1T 두르고 양파 → 소금 → 죽순 → 표고 → 청피망 → 볶아 놓은 돼지고기 순서로 볶는다.

⑧ 참기름 둘러 완성 접시에 담아낸다.

Tips

- 고기는 약한 불에 덩어리지지 않게 볶아 익으면 바로 체에 밭친다.
- 피망은 색깔이 선명하게 볶는다.

순서요약

냄비에 물 올리기 → 고기 초벌 간하기 → 죽순, 표고 데쳐 채 썰기 → 청피망 채 썰기 → 고기에 달걀, 전분 입히기 → 고기 초벌 볶기 → 채소 볶기, 돼지고기 볶기 → 완성 접시 담기

요리명 : 피망돼지고기볶음(青椒肉絲)

완성사진

실습일 : 월 일

나의 레시피

조리 TIP

조리 시 느낀점

09 깐소새우(干燒蝦仁)

[요구사항]

1. 새우는 내장을 제거하여 사용하시오.
2. 깐소새우의 맛은 매운맛과 신맛, 단맛이 나도록 하시오.

[지급재료]

[주재료]

새우(껍질이 있는 것, 중) ······················ 10마리

[부재료]

전분(감자전분) ································ 100g

대파(흰부분, 6cm) ····························· 1토막

달걀	1개	마늘	3쪽
토마토케첩	50g	생강	5g
두반장	10g		

[조미료]

진간장	15mL	흰설탕	50g
청주	30mL	고추기름	30mL
식초	15mL	식용유	800mL

[재료손질 전]

[재료손질 후]

[만드는 방법]

① 새우는 이쑤시개로 내장을 제거하고 껍질 벗겨 진간장, 청주 1t로 밑간한다.
② 튀김팬에 식용유 예열해 둔다.
③ 마늘, 대파, 생강은 다진다.
④ 달걀흰자 2T, 녹말 3T, 물 1T 섞어 밑간해 둔 새우와 버무려 170℃ 정도 기름에 두 번 바삭하게 튀겨낸다.
⑤ 팬에 고추기름 두르고 대파, 생강, 마늘로 향을 낸 다음 청주, 간장으로 간한다.
⑥ 케첩 3T 넣어 볶아 신맛 날리고 두반장, 설탕 1T, 식초 1T 넣어 끓이고 물 녹말로 농도 맞춘다.
⑦ ⑥번 소스에 튀겨둔 새우 버무려 완성 접시에 담아낸다.

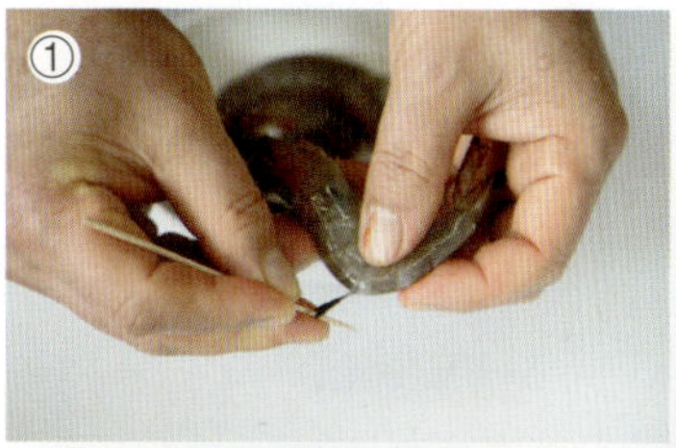

Tips

- 튀김은 튀김옷이 단단해지면 뒤집는다.
- 물 녹말은 조금씩 풀어 농도 맞춘다.

순서요약

새우 내장 제거 초벌 간 하기 → 튀김 기름 올리기 → 물 녹말 만들기 → 채소 썰기 → 새우 튀기기 → 소스 만들기

요리명 : 깐소새우(干燒蝦仁)

완성사진

실습일 : 월 일

나의 레시피

조리 TIP

조리 시 느낀점

10 면보하(麵包蝦)

[요구사항]

1. 튀김이 겉은 바삭하고 속은 부드럽게 튀겨내시오.
2. 사방 5cm 정도의 크기로 6개를 만드시오.

[지급재료]

[주재료]

새우살 ··············· 150g　식빵 ·················· 4쪽

[부재료]

전분(감자전분) ·· 20g

달걀 ·················· 1개　생강 ····················· 5g

대파 ··············· 1토막

[조미료]

소금 ····················· 5g　흰후춧가루 ············ 2g

청주 ················· 5mL　식용유 ············ 500mL

참기름 ··············· 5mL

[재료손질 전]

[재료손질 후]

[만드는 방법]

① 튀김 팬에 식용유 예열해 둔다.

② 식빵은 사방 5cm 크기로 썬다.

③ 대파, 생강은 다지고 새우는 내장 제거하고 곱게 다진다.

④ 다진 새우에 다진 생강, 다진 대파, 소금 흰 후춧가루, 참기름을 넣어 밑간한다. 달걀흰자와 녹말가루를 넣어 잘 치대어 새우 반죽 만든다.

⑤ 썰어놓은 식빵의 한쪽 면에 새우 반죽 3cm 크기의 완자 모양으로 떼어 식빵 위에 올린다. 나머지 식빵으로 새우 반죽 덮어 살짝 눌러 주고 새우 반죽 반듯하게 정리해 준다.

⑥ 120℃ 식용유에 속 채운 식빵 넣어 천천히 뒤집어가며 튀긴다. 식빵이 노릇할 때 바로 건져서 접시에 담아낸다.

Tips

- 식빵은 4개를 겹쳐 자르면 크기와 모양이 일정하다.
- 기름 온도가 높으면 새우는 안 익고 식빵은 탈 수 있다.

순서요약

기름 올리기 → 식빵 자르기 → 새우 다져서 소 만들기 → 새우 반죽 식빵에 채우기 → 노릇하게 튀기기

요리명 : 면보하(麵包蝦)

완성사진

실습일 : 월 일

나의 레시피

조리 TIP

조리 시 느낀점

11 팔보채(八宝菜)

[요구사항]

1. 해삼은 길이 4cm 정도의 편으로 써시오.
2. 오징어 몸통은 대각선 방향 양쪽으로 칼집을 넣어 사용하시오.
3. 참소라살, 채소는 편으로 써시오.

[조미료]

진간장	5mL	소금	5g
청주	15mL	흰후춧가루	2g
참기름	5mL	식용유	15mL

[지급재료]

[주재료]

- 갑오징어(몸살, 오징어대체가능) ········· 60g
- 삶은 참소라살 ········· 50~60g
- 중새우(새우살가능) ········· 3마리
- 해삼 ········· 80g

[부재료]

- 건표고버섯(불린것) ········· 2개
- 양송이(통조림, whole) ········· 2개

청피망(중)	1/4개	생강	5g
홍피망(중)	1/4개	마늘	1쪽
죽순	70g	대파(3cm)	1토막
당근	50g	전분(감자전분)	30g

[재료손질 전]

[재료손질 후]

[만드는 방법]

① 냄비에 재료 데칠 물 올린다.

② 새우는 내장 제거하고 껍질 벗긴다. 참소라살, 해삼은 길이 4cm 정도의 편으로 썬다. 오징어 몸통은 종횡으로 칼집 넣어 4cm 정도 편으로 썬다.

③ 죽순은 빗살 모양 편으로 썬다. 나머지 채소들 4cm 정도 크기의 편으로 썬다.

④ 대파는 3cm 길이의 굵은 채로 썬다. 마늘은 편으로 썰고 생강은 다져서 준비한다.

⑤ 물이 끓으면 대파, 마늘, 생강 제외한 채소 데쳐낸다.

⑥ 채소 데친 다음 해물도 데쳐낸다.

⑦ 물 2T, 전분 1T 섞어 물 전분 만들고 예열한 팬에 식용유 1T 두르고 대파, 마늘, 생강으로 향 낸 다음 진간장 1t, 청주 1t로 간한다.

⑧ 데쳐낸 전 재료 넣고 볶은 다음 육수 붓는다.

⑨ ⑧이 끓으면 소금, 흰 후춧가루 넣고 물 녹말로 농도 맞추고 참기름 둘러 담아낸다.

Tips

• 해물은 장시간 조리하면 질겨지므로 살짝 데쳐서 단시간에 조리한다.

순서요약

물 올리기 → 데칠 재료 손질하기 → 데치기 → 향신재료 썰기 → 물 전분 만들기 → 소스만들기 → 완성하기

요리명 : 팔보채(八宝菜)

완성사진

실습일 :　　　월　　일

나의 레시피

조리 TIP

조리 시 느낀점

12 궁보계정(宮保鷄丁)

[요구사항]

1. 땅콩은 튀겨서 사용하시오.
2. 닭고기는 1.5cm 정도 크기의 정사각으로 썰어 양념하여 사용하시오.
3. 건고추는 1.5cm 정도로 썰어 약간 타듯이 볶으시오.

[지급재료]

[주재료]

닭가슴살 ······ 150g

[부재료]

땅콩	30g	생강	5g
청피망(중)	1/4개	달걀	1개
건홍고추	2개	전분	30g
대파(4cm)	1토막		

[조미료]

진간장	10mL	고추기름	20mL
청주	10mL	검은후춧가루	2g
소금	5g	식용유	300mL
참기름	10mL		

[재료손질 전]

[재료손질 후]

[만드는 방법]

① 닭고기는 1.5cm 정도 크기의 정사각으로 썰어 간장 1/2t, 소금, 청주, 검은 후춧가루로 밑간한다.

② 대파, 청피망, 건고추 1.5cm 크기로 썰고 생강은 다진다.

③ 달걀흰자 2T, 녹말 3T 섞어 밑간한 닭고기와 버무려 170℃ 정도 기름에 두 번 바삭하게 튀겨낸다.

④ 닭고기 튀기면서 땅콩 채반에 담아 튀긴다.

⑤ 예열한 팬에 고추기름 두르고 건고추 약간 타듯이 볶고 대파, 생강으로 향 낸 다음 진간장, 청주로 간한다.

⑥ ⑤에 튀긴 땅콩, 피망 볶은 뒤 육수 붓고 진간장, 소금, 청주, 검은 후춧가루로 간한다.

⑦ ⑥ 소스 끓으면 물 녹말로 농도 맞추고 튀겨낸 닭고기 버무리고 참기름 둘러 담아낸다.

Tips

- 고추는 빨리 타므로 약한 불에 볶는다.
- 땅콩은 색이 빨리 나므로 단시간에 튀겨 낸다.

순서요약

닭고기 손질해서 밑간하기 → 부재료 썰기 → 닭고기 튀김옷 입히고 땅콩, 닭고기 튀기기 → 소스 만들어 완성하기

요리명 : 궁보계정(宮保鷄丁)

완성사진

실습일 :   월   일

나의 레시피

조리 TIP

조리 시 느낀점

13 라조육(辣椒肉)

[요구사항]

1. 돼지고기는 길이 4cm, 굵기 1cm 정도로 써시오.
2. 소스의 농도에 유의하시오.

[지급재료]

[주재료]

돼지고기(등심, 살코기) ···················· 150g

[부재료]

죽순[통조림(whole), 고형분]	30g		
건표고버섯(물에 불린 것)	1개		
대파(흰부분, 6cm)	2토막		
녹말가루(감자전분)	100g		
청피망(중, 75g정도)	1/3개		
홍고추(건)	1개	생강	5g
홍고추	1/2개	마늘(중, 깐 것)	1쪽
청경채	1포기	달걀	1개

[조미료]

진간장	30mL	식용유	600mL
청주	15mL	소금(정제염)	5g
참기름	15mL	검은후춧가루	1g
고추기름	10mL		

[재료손질 전]

[재료손질 후]

[만드는 방법]

① 냄비에 채소 데칠 물 올린다.

② 전분 1/2C, 물 1C 섞어 전분 불려두고 튀김 팬에 기름 예열해 둔다.

③ 죽순은 빗살 무늬 살려서 4cm × 1cm의 길이로 썰고 양송이는 편으로 썰어 끓는 소금물에 데친다.

④ 돼지고기는 길이 4cm, 굵기 1cm 정도로 썰어 진간장, 소금, 청주, 검은 후춧가루로 밑간한다.

⑤ 마늘과 생강은 편으로 썰고 홍고추, 청경채, 청피망, 표고버섯, 대파, 건 홍고추는 4cm × 1cm의 길이로 썬다.

⑥ 밑간한 돼지고기에 달걀 물, 불린 전분 버무려 170℃ 정도 튀김기름에 두 번 바삭하게 튀겨낸다.

⑦ 물 1T, 전분 2T 섞어 물 전분 만든다. 팬에 고추기름 2T 두르고 건 홍고추 볶다가 대파, 마늘, 생강 볶아 향 낸 다음 진간장 1t, 청주 1t로 간한다.

⑧ ⑦에 표고버섯, 죽순, 양송이, 홍고추, 청피망, 청경채 순으로 볶고 물 1C 붓고 끓인다.

⑨ ⑧에 소금, 검은 후춧가루로 간하고 물 녹말로 농도 맞춘다. 튀긴 돼지고기 넣고 참기름 둘러 완성 접시에 담아낸다.

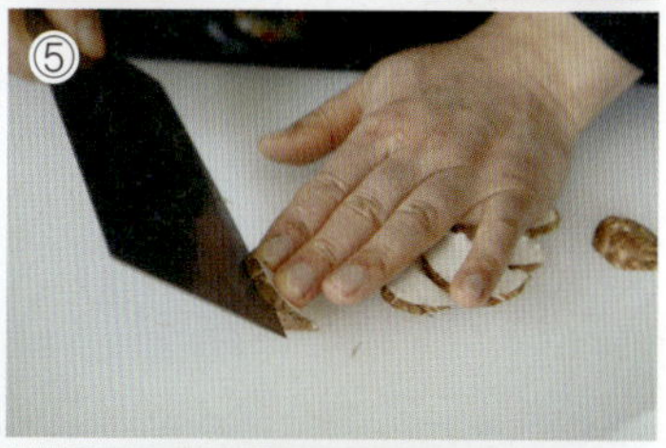

Tips

- 물녹말로 농도 맞춘 후 튀긴 돼지고기 버무린다.

순서요약

데칠 물 올리기 → 물 전분 만들기 → 기름 예열하기 → 돼지고기 손질해서 밑간하기 → 채소 썰기 → 돼지고기 튀기기 → 소스 만들어 버무리기

요리명 : 라조육(辣椒肉)

완성사진

실습일 : 월 일

나의 레시피

조리 TIP

조리 시 느낀점

14 짜춘권(炸春捲)

[요구사항]

1. 작은 새우를 제외한 채소는 길이 4cm 정도로 써시오.
2. 지단에 소를 채워 지름 3cm 정도 크기의 원통형으로 마시오.
3. 짜춘권은 길이 3cm 정도 크기로 잘라 8개 제출하시오.

[지급재료]

[주재료]

- 돼지고기(등심, 살코기) ············ 50g
- 새우살 ············ 30g
- 불린해삼 ············ 20g

[부재료]

- 죽순(통조림, whole) ············ 30g
- 부추 ············ 30g
- 밀가루(중력분) ······ 20g
- 건표고버섯(불린것) 1장
- 전분(감자전분) ······ 50g
- 양파(중) ············ 1/4개
- 생강 ············ 5g
- 달걀 ············ 2개
- 대파(4cm) ········· 1토막

[조미료]

- 진간장 ············ 10mL
- 청주 ············ 15mL
- 소금 ············ 2g
- 검은후춧가루 ·········· 2g
- 참기름 ············ 5mL
- 식용유 ············ 600mL

[재료손질 전]

[재료손질 후]

[만드는 방법]

① 새우는 내장 제거한다. 돼지고기, 해삼, 양파는 4cm 길이로 채 썬다. 부추는 4cm 정도의 길이로 썰고 생강은 다져 놓는다.

② 달걀에 전분 2T 넣고 소금 1/2t 간하여 거품이 일지 않도록 잘 풀어 원형으로 지단 부쳐 채반에 엎어 식힌다.

③ 밀가루 3T에 물 5T 넣어 덩어리 지지 않게 풀어 밀가루 물 만들어 놓는다.

④ 예열한 팬에 식용유 1T 두르고 생강, 양파 볶아 향 낸 다음 고기 볶다가 진간장 1t, 청주 1T 넣어 간한다.

⑤ 고기 익으면 표고버섯, 죽순, 해삼, 새우 볶고 진간장 1/2t, 청주 1t, 소금 1/2t, 검은 후춧가루로 간한 다음 부추 넣어 살짝 볶아 접시에 펼쳐 식힌다.

⑥ 튀김 팬에 식용유 예열한다. 달걀지단에 속재료 3cm 두께로 길게 놓는다. 달걀지단 테두리로 밀가루 갠 것 고루 바르고 김밥 말듯이 동그랗게 말아놓는다.

⑦ 말아놓은 짜춘권 160℃의 식용유에 살짝 튀겨낸다.

⑧ 튀겨낸 짜춘권은 3cm 정도의 길이로 8개 썰어서 보기 좋게 담아낸다.

Tips

- 달걀 지단은 채반을 이용해 식히면 빨리 식는다.
- 지단이 마르면 갈라져 말기가 어려우므로 마르지 않도록 주의한다.

순서요약

재료 썰기 → 달걀 지단 부치기 → 속 재료 볶기 → 튀김 기름 올리기 → 짜춘권 말기 → 튀기기

요리명 : 짜춘권(炸春捲)

완성사진

실습일 : 월 일

나의 레시피

조리 TIP

조리 시 느낀점

15 류산슬(溜三絲)

[요구사항]

1. 고기와 해삼은 5~6cm 정도의 가는 채로 써시오.
2. 채소모양도 5~6cm 정도의 채로 써시오.
3. 고기와 새우는 먼저 전처리 작업 후 조리하시오.

[지급재료]

[주재료]

돼지고기(등심, 살코기) ······························ 50g

새우살 ··············· 40g　　불린해삼 ············ 20g

[부재료]

죽순(통조림, whole) ································ 40g

건표고버섯(불린것) 2장　　대파(5~6cm) ·····1토막

팽이버섯 ············ 50g　　마늘 ················· 2쪽

달걀 ················· 1개　　전분(감자전분)······ 15g

생강 ····················5g

[조미료]

진간장·············· 5mL　　소금 ····················5g

청주 ···············15mL　　검은후춧가루··········2g

참기름·············· 5mL　　식용유··········· 200mL

[재료손질 전]

[재료손질 후]

[만드는 방법]

① 냄비에 재료 데칠 물 올린다.

② 새우는 내장 제거한다. 고기와 해삼은 5~6cm 정도 길이로 가늘게 채 썬다.

③ 마늘, 생강은 모양대로 채 썬다. 팽이버섯 5~6cm 길이로 자르고 대파, 죽순, 표고버섯 5~6cm 정도 길이로 채 썬다.

④ 파, 마늘, 생강, 팽이버섯 제외한 해삼과 채소는 끓는 물에 데친다.

⑤ 새우와 고기 각각 소금, 청주, 검은 후춧가루 간하고 달걀 흰자, 전분 옷 입혀 120℃ 정도 식용유에 덩어리지지 않게 부드럽게 익혀낸다.

⑥ 물 1T, 전분 2T 섞어 물 녹말 만든다. 예열한 팬에 식용유 2T 두르고 대파, 마늘, 생강으로 향 낸 다음 진간장 1t, 청주 1t로 간한다.

⑦ ⑥에 데쳐낸 전 재료 넣고 볶은 다음 육수 1/2C 붓는다.

⑧ ⑦ 끓으면 청주, 소금, 검은 후춧가루로 간하고 새우와 돼지고기, 팽이버섯 넣고 녹말물로 농도 맞추고 참기름 둘러 담아낸다.

Tips

- 볶아 놓은 소스의 농도에 유의한다.
- 채소의 숨이 죽지 않도록 빠르게 조리한다.

순서요약

물올리기 → 데칠 재료 손질하기 → 새우와 돼지고기 밑간해서 기름에 익히기 → 물녹말 만들기 → 볶아서 완성하기

요리명 : 류산슬(溜三絲)

완성사진

실습일 : 월 일

나의 레시피

조리 TIP

조리 시 느낀점

부록

중식 조리기능사 시험안내

1. 중식 관련 자격제도

중식 관련 자격제도는 중식 조리의 음식의 메뉴 계획에 따라 식재료를 선정, 구매, 검수, 보관 및 저장하며 맛과 영양을 고려하여 안전하고 위생적으로 조리업무를 수행하며 조리기구와 시설을 위생적으로 관리·유지하여 음식을 조리, 제공하는 전문인력을 양성하기 위하여 제정된 자격제도이다.

2. 중식 관련 자격시험 응시자격 및 수험절차

1. 자격시험 응시자격

(1) 중식 조리기능사

응시자격 : 제한 없음

(2) 조리산업기사

① 기능사 자격 취득 후 동일직무 분야에서 3년 이상 실무에 종사한 자

② 다른 종목의 산업기사 자격을 취득한 후 응시하고자 하는 항목에 속하는 동일직무 분야에서 1년 이상 실무에 종사한 자

③ 응시하고자 하는 종목이 속하는 동일직무 분야에서 4년 이상 실무에 종사한 자

④ 대졸 이상 학력

⑤ 관련학과 전문대학 1학년을 마친 재학생

※ www.q-net.or.kr 응시자격 자가진단 서비스를 통해 자가진단 가능

(3) 조리기능장

① 동일분야의 기능사 자격을 취득한 후 동일분야에서 8년 이상 실무에 종사한 자

② 조리산업기사 자격증 취득 후 동일직무 분야에서 6년 이상 실무에 종사한 자

③ 동일 직무분야에서 11년 이상 실무에 종사한 자

※ www.q-net.or.kr 응시자격 자가진단 서비스를 통해 자가진단 가능

2. 시험 진행방법 및 유의사항

(1) 응시절차 안내

1	필기 원서접수	Q-net을 통한 인터넷 원서접수
		필기접수 기간내 수험원서 인터넷 제출
		사진 6개월 이내에 촬영한 3.5cm×4.5cm, 120×160픽셀 사진파일, JPG 수수료 전자결제
		시험장소 본인 선택 선착순
2	필기시험	수험표, 신분증, 필기구 흑색 싸인펜 등 지참
3	합격자 발표	Q-net을 통한 합격확인 마이페이지 등
		응시자격 제한종목 기술사, 기능장, 기사, 산업기사, 서비스 분야 일부종목은 사전에 공지한 시행계획 내 응시자격 서류제출 기간 이내에 반드시 응시자격 서류를 제출하여야 함
4	실기 원서접수	실기접수 기간내 수험원서 인터넷 www.Q-net.or.kr 제출
		사진 6개월 이내에 촬영한 3.5cm×4.5cm픽셀 사진파일, JPG 수수료 정액
		시험일시, 장소 본인 선택 선착순
5	실기시험	수험표, 신분증, 필기구 지참
6	최종합격자 발표	Q-net을 통한 합격확인 마이페이지 등
7	자격증 발급	인터넷 : 공인인증 등을 통한 발급, 택배가능 방문수령 : 사진 6개월 이내에 촬영한 3.5cm×4.5cm 사진 및 신분확인서류

(2) 수험자 지참 준비물 2023년 중식조리기능사 지참준비물 목록

번호	재료명	규격	단위	수량	비고
1	가위	–	EA	1	
2	계량스푼	–	EA	1	
3	계량컵	–	EA	1	
4	국대접	기타 유사품 포함	EA	1	
5	국자	–	EA	1	
6	냄비	–	EA	1	시험장에도 준비되어 있음
7	도마	흰색 또는 나무도마	EA	1	시험장에도 준비되어 있음
8	뒤집개	–	EA	1	
9	랩	–	EA	1	
10	마스크		EA	1	*위생복장 위생복, 위생모, 앞치마, 마스크을 착용하지 않을 경우 채점대상에서 제외 실격
11	면포/행주	흰색	장	1	
12	밥공기	–	EA	1	
13	볼 bowl	–	EA	1	
14	비닐백	위생백, 비닐봉지 등 유사품 포함	장	1	
15	상비의약품	손가락골무, 밴드 등	EA	1	
16	쇠조리 혹은 체	–	EA	1	
17	숟가락	차스푼 등 유사품 포함	EA	1	
18	앞치마	흰색 남, 녀공용	EA	1	*위생복장 위생복, 위생모, 앞치마, 마스크을 착용하지 않을 경우 채점대상에서 제외 실격
19	위생모	흰색	EA	1	*위생복장 위생복, 위생모, 앞치마, 마스크을 착용하지 않을 경우 채점대상에서 제외 실격
20	위생복	상의–흰색/긴소매, 하의–긴바지 색상무관	벌	1	*위생복장 위생복, 위생모, 앞치마, 마스크을 착용하지 않을 경우 채점대상에서 제외 실격
21	위생타올	키친타올, 휴지 등 유사품 포함	장	1	
22	이쑤시개	산적꼬치 등 유사품 포함	EA	1	
23	접시	양념접시 등 유사품 포함	EA	1	

번호	재료명	규격	단위	수량	비고
24	젓가락		EA	1	
25	종이컵	–	EA	1	
26	종지	–	EA	1	
27	주걱	–	EA	1	
28	집게	–	EA	1	
29	칼	조리용칼, 칼집포함	EA	1	
30	호일	–	EA	1	
31	후라이팬	–	EA	1	시험장에도 준비되어 있음

(3) 위생상태 및 안전관리 세부기준 안내 2023. 2월 기준

순번	구 분	세부기준
1	위생복 상의	• 전체 흰색, 손목까지 오는 긴소매 – 조리과정에서 발생 가능한 안전사고 화상 등 예방 및 식품위생 체모 유입방지, 오염도 확인 등 관리를 위한 기준 적용 – 조리과정에서 편의를 위해 소매를 접어 작업하는 것은 허용 – 부직포, 비닐 등 화재에 취약한 재질이 아닐 것, 팔토시는 긴팔로 불인정 • 상의 여밈은 위생복에 부착된 것이어야 하며 벨크로 일명 찍찍이, 단추 등의 크기, 색상, 모양, 재질은 제한하지 않음 단, 핀 등 별도 부착한 금속성은 제외
2	위생복 하의	• 색상·재질무관, 안전과 작업에 방해가 되지 않는 발목까지 오는 긴바지 – 조리기구 낙하, 화상 등 안전사고 예방을 위한 기준 적용
3	위생모	전체 흰색, 빈틈이 없고 바느질 마감처리가 되어 있는 일반 조리장에서 통용되는 위생모 모자의 크기, 길이, 모양, 재질 면·부직포 등은 무관
4	앞치마	• 전체 흰색, 무릎아래까지 덮이는 길이 – 상하일체형 목끈형 가능, 부직포·비닐 등 화재에 취약한 재질이 아닐 것
5	마스크	침액을 통한 위생상의 위해 방지용으로 종류는 제한하지 않음 단, 감염병 예방법에 따라 마스크 착용 의무화 기간에는 '투명 위생 플라스틱 입가리개'는 마스크 착용으로 인정하지 않음
6	위생화 작업화	색상 무관, 굽이 높지 않고 발가락·발등·발뒤꿈치가 덮여 안전 사고를 예방할 수 있는 깨끗한 운동화 형태
7	장신구	일체의 개인용 장신구 착용 금지 단, 위생모 고정을 위한 머리핀 허용
8	두발	단정하고 청결할 것, 머리카락이 길 경우 흘러내리지 않도록 머리망을 착용하거나 묶을 것
9	손 / 손톱	• 손에 상처가 없어야하나, 상처가 있을 경우 보이지 않도록 할 것 시험위원 확인 하에 추가 조치 가능 • 손톱은 길지 않고 청결하며 매니큐어, 인조손톱 등을 부착하지 않을 것
10	폐식용유 처리	사용한 폐식용유는 시험위원이 지시하는 적재장소에 처리할 것
11	교차오염	• 교차오염 방지를 위한 칼, 도마 등 조리기구 구분 사용은 세척으로 대신하여 예방할 것 • 조리기구에 이물질 예, 테이프을 부착하지 않을 것
12	위생관리	재료, 조리기구 등 조리에 사용되는 모든 것은 위생적으로 처리하여야 하며, 조리용으로 적합한 것일 것
13	안전사고 발생 처리	칼 사용 손 빔 등으로 안전사고 발생 시 응급조치를 하여야하며, 응급조치에도 지혈이 되지 않을 경우 시험진행 불가
14	부정 방지	위생복, 조리기구 등 시험장내 모든 개인물품에는 수험자의 소속 및 성명 등의 표식이 없을 것 위생복의 개인 표식 제거는 테이프로 부착 가능
15	테이프사용	위생복 상의, 앞치마, 위생모의 소속 및 성명을 가리는 용도로만 허용

※ 위 내용은 식품안전관리인증기준HACCP 평가 심사 매뉴얼, 위생등급 가이드라인 평가 기준 및 시행상의 운영사항을 참고하여 작성된 기준입니다.

(4) 위생상태 및 안전관리에 대한 채점기준 안내

위생 및 안전 상태	채점기준
1. 위생복 상/하의, 위생모, 앞치마, 마스크 중 한 가지라도 미착용한 경우 2. 평상복 흰티셔츠, 와이셔츠, 패션모자 흰털모자, 비니, 야구모자 등 기준을 벗어난 위생복장을 착용한 경우	실격 채점대상 제외
3. 위생복 상/하의, 위생모, 앞치마, 마스크를 착용하였더라도 • 무늬가 있거나 유색의 위생복 상의·위생모·앞치마를 착용한 경우 • 흰색의 위생복 상의·앞치마를 착용하였더라도 부직포, 비닐 등 화재에 취약한 재질의 복장을 착용한 경우 • 팔꿈치가 덮이지 않는 짧은 팔의 위생복을 착용한 경우 • 위생복 하의의 색상, 재질은 무관하나 짧은 바지, 통이 넓은 힙합스타일 바지, 타이츠, 치마 등 안전과 작업에 방해가 되는 복장을 착용한 경우 • 위생모가 뚫려있어 머리카락이 보이거나, 수건 등으로 감싸 바느질 마감 처리가 되어있지 않고 풀어지기 쉬워 일반 조리장용으로 부적합한 경우	'위생상태 및 안전관리' 점수 전체 0점
4. 이물질 예, 테이프 부착 등 식품위생에 위배되는 조리기구를 사용한 경우	
5. 위생복 상/하의, 위생모, 앞치마, 마스크를 착용하였더라도 • 위생복 상의가 팔꿈치를 덮기는 하나 손목까지 오는 긴소매가 아닌 위생복 팔토시 착용은 긴소매로 불인정, 실험복 형태의 긴가운, 핀 등 금속을 별도 부착한 위생복을 착용하여 세부기준을 준수하지 않았을 경우 • 테두리선, 칼라, 위생모 짧은 챙 등 일부 유색의 위생복 상의·위생모·앞치마를 착용한 경우 테이프 부착 불인정 • 위생복 하의가 발목까지 오지 않는 8부바지 • 위생복 상/하의, 위생모, 앞치마, 마스크에 수험자의 소속 및 성명을 테이프 등으로 가리지 않았을 경우	'위생상태 및안전관리' 점수 일부 감점
6. 위생화 작업화, 장신구, 두발, 손/손톱, 폐식용유 처리, 안전사고 발생 처리 등 '위생상태 및 안전관리 세부기준'을 준수하지 않았을 경우	
7. '위생상태 및 안전관리 세부기준' 이외에 위생과 안전을 저해하는 기타사항이 있을 경우	

※ 위 기준에 표시되어 있지 않으나 일반적인 개인위생, 식품위생, 주방위생, 안전관리를 준수하지 않았을 경우 감점 처리 될 수 있습니다.

※ 수도자의 경우 제복 + 위생복 상의/하의, 위생모, 앞치마, 마스크 착용 허용

(5) 실기평가 채점 기준표

조리 시험은 두 가지 과제가 주어지며, 공통 채점 위생점수 포함과 각 과제의 조리기술 및 작품 평가 합계가 100점 만점으로 60점 이상이면 합격

항목	세부항목	내용	배점
공통	위생상태	위생 위생복 착용, 두발, 손톱 등 개인위생 상태	5
	안전관리	조리대 및 기구의 청소 및 안전 상태	5
과제 1	조리기술 평가	조리기술의 숙련도	30
	작품 평가	맛, 색, 모양, 그릇에 담기	15
과제 2	조리기술 평가	조리기술의 숙련도	30
	작품 평가	맛, 색, 모양, 그릇에 담기	15

(6) 수험자 유의사항

① 만드는 순서에 유의하며, 위생과 숙련된 기능평가를 위하여 조리작업 시 맛을 보지 않는다.

② 지정된 수험자 지참준비물 이외의 조리기구나 재료를 시험장내에 지참할 수 없다.

③ 지급재료는 시험 전 확인하여 이상이 있을 경우 시험위원으로부터 조치를 받고 시험 중에는 재료의 교환 및 추가지급은 하지 않는다.

④ 요구사항 및 지급재료의 규격은"정도"의 의미를 포함하며, 재료의 크기에 따라 가감하여 채점된다.

⑤ 위생복, 위생모, 앞치마, 마스크를 착용하여야 하며, 시험장비·조리기구 취급 등 안전에 유의한다.

⑥ 다음 사항은 실격에 해당하여 채점 대상에서 제외된다.

- 수험자 본인이 시험 도중 시험에 대한 포기 의사를 표현하는 경우
- 위생복, 위생모, 앞치마, 마스크를 착용하지 않은 경우
- 시험시간 내에 과제 두 가지를 제출하지 못한 경우
- 문제의 요구사항대로 과제의 수량이 만들어지지 않은 경우
- 완성품을 요구사항의 과제요리가 아닌 다른 요리예, 달걀말이→달걀찜로 만든 경우
- 불을 사용하여 만든 조리작품이 작품특성에 벗어나는 정도로 타거나 익지 않은 경우
- 해당 과제의 지급재료 이외 재료를 사용하거나, 요구사항의 조리기구석쇠 등로 완성품을 조리하지 않은 경우
- 지정된 수험자 지참준비물 이외의 조리기술에 영향을 줄 수 있는 기구를 사용한 경우
- 가스레인지 화구 2개 이상2개 포함 사용한 경우
- 시험 중 시설·장비칼, 가스레인지 등 사용 시 시험위원 및 타수험자의 시험 진행에 위해를 일으킬 것으로 시험위원 전원이 합의하여 판단한 경우
- 요구사항에 표시된 실격 및 부정행위에 해당하는 경우

⑦ 항목별 배점은 위생상태 및 안전관리 각 5점, 조리기술 30점, 작품의 평가 15점이다.

⑧ 시험 시작 전 가벼운 몸 풀기스트레칭 동작으로 긴장을 풀고 시험을 시작한다.

참고 문헌

- 김정숙·김경임·김지상·안장우·윤예리·이윤정·최희숙·황수영, "New 식품학", ㈜지구문화, 2021.
- 김숙희·윤예리·이나겸·이윤정·임용숙·최진영, "식품학 및 조리원리", ㈜지구문화, 2018.
- 추적생·강권근·최귀열·서재실·장혁래·조재경, "창업을 위한 중국요리", 지구문화사, 2019.
- 장혁래, "중국요리 입문", 지구문화사, 2010.
- 이훈희·안미령·유주현·송원경·안기정·안종철·김경임·김자경·박대순, "세계의 음식 문화", ㈜지구문화, 2016.
- 복혜자·정순영·정정희·김경애·전혜경·곽정순·권기숙·최성웅·정문영, "고급 한국 요리", ㈜지구문화, 2018.
- 이진택, "중국요리 입문자를 위한 중식조리기능사 실기 실무조리", 백산출판사, 2021.
- 이현경, "중식조리기능사", 다락원, 2022.
- 최송산, "프로를 위한 중국요리", 효일, 2010.
- 한국식품조리과학회, "식품조리과학용어사전", 교문사, 2007.
- 홍진숙·박혜원·박란숙·명춘옥·신미혜·최은정·정혜정·최은희, "식품재료학", 교문사, 2020.
- 한국직업능력개발원, "중식 육수·소스조리(LM1301010303_21v4)", 교육부, 2022.
- 한국직업능력개발원, "중식 냉채조리(LM1301010304_21v4)", 교육부, 2022.
- 한국직업능력개발원, "중식 딤섬조리(LM1301010305_21v4)", 교육부, 2022.
- 한국직업능력개발원, "중식 기초 조리 실무(LM1301010320_21v4)", 교육부, 2022.

올어바웃 중식조리

2023년 3월 20일 초판 인쇄
2023년 3월 25일 초판 발행

지은이 • 이성우 · 김혜숙 · 양혜영 · 정주희 · 최영심
김덕한 · 김영신 · 안광열 · 이명철 · 전도현
발행인 • 주병오 · 주민기

발행처 • ㈜지구문화
JIGU CULTURE Co.Ltd

주　소 • 경기도 파주시 회동길 209
파주출판문화정보산업단지
영업부 • 031-955-7566 · 7577
편집부 • 031-955-7731
F A X • 031-955-7730
홈페이지 • www.ji-gu.co.kr
전자우편 • jigupub@hanmail.net
등록번호 • 1979년 7월 13일 제 9-57호

ISBN 978-89-7006-360-7　　가격 : 25,000원